Der weibliche Mensch
auf dem Schafott der Herrengyn!

Die Zucht des weiblichen Menschen!

Für meine liebe Gelena!

Liebe Gelena!
Du kannst dir gar nicht vorstellen, wie vieles ich dir
zu sagen, oder eben zu schreiben habe. So
manches was Du mir von deinen Ansichten und
Meinungen über Frauen und Mädchen erzählt und
geschrieben hast ist mir nicht immer ganz
verständlich. Das ist auch weiter nicht
verwunderlich, denn Du hast eine ganz andere
Erziehung genossen als ich das hatte, aber das ist
vielleicht gut so. Denn gerade dadurch können wir
uns viel umfassender mit den für Mädchen und
Frauen so wichtigen Themen auseinandersetzen
ohne uns gegenseitig gedanklich einzuengen. Du
forderst mich mit deinen Aussprüchen über uns
weibliche Menschen geradezu heraus, und das in
einer Weise, dass ich mich dadurch umso mehr
damit auseinandersetzen muss. Damit auch Du
meine Gedanken zum Wesen des Weiblichen
erfahren mögest, habe ich versucht, so gut es eben
geht, meine Gedanken dazu für dich
niederzuschreiben. Das habe ich zwar
unregelmäßig, aber doch immer wieder auf deine
Argumente und Einwände hin, und all den
Erfahrungen die aus meinem Umfeld dazu kamen,
gemacht. Du sollst das nicht als eine Abfolge von
Ereignissen sehen. es sind hier immer wieder

1

Empfindungen, Erfahrungen, Anregungen aus Gesprächen zur Angelegenheit Intimkontrolle durch die Herrengyn eingeflossen. Diese Schrift hat einen für unsere Mann- dominierte Gesellschaft einen eher unangenehmen, wenn nicht ketzerischen, Blickwinkel. Ich bin sehr gespannt auf deine Entgegnung.

Für meine liebe Gelena!

Die Herrschaft über das weibliche Geschlecht.

Die Meinung, die Du über Frauen und Mädchen in unserer so sehr aufgeklärten Gesellschaft hast gibt mir sehr zu denken. Wir als weibliche Menschen sind doch in einer ganz anderen Situation als die männlichen Menschen. Weibliche Menschen haben doch ständig etwas an ihrer Situation den männlichen Menschen gegenüber zu beklagen. Wir sehen uns doch fast überall den Männern gegenüber benachteiligt oder herabgesetzt. Da ist sicher schon etwas dran, denn wir leben doch eindeutig in einer Männerwelt. Da brauchen wir Frauen und Mädchen uns doch nicht zu wundern, wenn alles männerdominiert organisiert ist. Und so wundert es mich auch nicht, dass auch unser weibliches Menschsein, also unser Selbstverständnis als Mensch vom weiblichen Geschlechte von dieser Männerwelt kontrolliert und organisiert wird. Dass dies so ist wird uns doch schon in die Wiege gelegt. Du musst dich nur einmal genauer umschauen, alles was wichtig und interessant ist, ist männlich. Das Weibliche wird mehr oder weniger immer irgendwie unterschwellig belächelt, oder herabgesetzt. Etwa reden etwa die Emanzen uns ein, wir sollen Männerberufe ergreifen. Dass Männer Frauenberufe ergreifen sollen, das wird, wenn überhaupt, kaum gesagt. Nur in einem Bereiche, da sind wir Frauen fast wie ausgeklammert, und eigentlich sozusagen nur als Opfer oder Handlangerin präsent. Du wirst mich, so hoffe ich, wenn Du diese Schrift gelesen hast verstehen was ich dir damit sagen will.

Du sagst, es sei für Frauen und Mädchen etwas völlig normales zum Frauenarzt zu gehen.

Doch manchmal denke ich mir, so normal kann Das eigentlich gar nicht sein, wo doch der Frauenarzt fast durchwegs immer ein Mann ist. Es sind doch unsere weiblichen Geschlechtsorgane, die von einem männlichen Wesen, einem sogenannten Fachmann, kontrolliert werden. Da wird von uns weiblichen Menschen etwas abverlangt, was an sich sehr in unsere weibliche Persönlichkeit eingreift. Du gehst nämlich auf diesen fast unglaublichen Umstand, also darauf, dass die Frauenärzte fast immer Männer sind, überhaupt nicht ein. Aus vielen Schilderungen von Betroffenen weiß ich ziemlich genau was auch viele andere Mädchen oder Frauen empfinden, wenn sie zu so einem Mann-Frauenarzt gehen müssen. Jawohl müssen, denn es ist doch in unserer Männergesellschaft eindeutig so eingerichtet, dass wir unsere weibliche Geschlechtlichkeit regelmäßig kontrollieren lassen müssen. Denn es gälte in unserer so fortschrittshörigen Gesellschaft ja geradezu als fahrlässig von uns dies nicht zu tun. Du kennst doch wohl die scheinheiligen Andeutungen in der Art von etwa solchem Wortlaut, was? ! Du warst noch nicht? ! oder schon so lange nicht mehr. Dass die nicht sagen, und Du lebst noch, obwohl Du den Check Up deiner weiblichen Intimität von der Herreninstitution nicht geholt hast, wehe dir. Die sagen zwar nicht Check Up, sondern wie es sich gehört mit medizinischen Fachausdrücken etwa Vorsorge, Abstrich oder Krebstest. Da schwingt doch unterschwellig etwas sehr Böses mit. Durch diese Art von Vorsorge, die sich Männer für uns ausgedacht haben werden wir Menschen vom weiblichen Geschlechte von der Herreninstitution zum großen Gesundheitsrisiko gestempelt. Also müssen wir unsere weiblichen Geschlechtsorgane einer eindeutig von Männern beherrschten Institution vorführen. Du wirst sicher wissen welche Herreninstitution ich meine. Jetzt denke ich mir, die Männer sind überhaupt nicht so unter Druck sich ihren männlichen Intimbereich regelmäßig, oder überhaupt kontrollieren zu lassen, für die Männlein stellt sich diese Frage gar nicht. Und erst recht nicht von einer Fraueninstitution. Es ist schon nicht so, dass wir Frauen oder erst recht Mädchen, keine Bedenken hätten diesen Schritt, zum Herrn Gynäkologen zu gehen, zu tun. Aber es werden einem ja solche Argumente vorgesetzt, dass man sich als fast nicht normal ansehen muss, wenn man als Frau oder Mädchen ohne Mann - Frauenarzt, sich selbst sein möchte. Fast alle, oder gar alle Frauen rennen gehorsam in von den Mann - Frauenärzten vorgegebenen Zeiträumen zum Frauenarzt. Ja, man muss schon sagen, wir rennen, denn dieser vorauseilende Gehorsam, sich dieser entwürdigenden Prozedur, die sich diese Herren für uns ausgedacht haben, zu stellen wird von uns

Frauen und Mädchen betrieben, als wäre das ein Muss, beinahe so, als wären wir schwerkrank. Sobald wir uns unserer Weiblichkeit bewusst werden wollen wir die Pille, und die bekommen wir nur, wenn wir uns auch in die Reihe dieser Herreninstitutionsbesucherinnen begeben. Diese wird uns ja auf Schritt und Tritt als eine Art Wunderdroge für die unbeschwerte Liebe, zumindest unterschwellig, angepriesen. Diese Wunderpille braucht ein Mädchen einfach damit sie IHN sorglos sexuell bedienen kann, und auch weil das Inn ist. Und zudem braucht man schnell einen Freund, denn das gehört sich so, mit dem man dann auf die Schnelle „Liebe" praktizieren kann. Damit man eben mitreden kann, obwohl das Meiste, das über diese Art Liebe gesagt, geschrieben oder von Gewissen geradezu empfohlen wird, so doch nicht stimmt, und viel Wichtigtuerei dabei ist. Das aber merken wir erst später, eigentlich zu spät. Denn wir Weibchen glauben, wir brauchen doch so dringend den Befruchtungsakt natürlich ohne Befruchtung, nur so zur Befriedigung. Denn die Emanzen & Co. reden uns doch immer ein, das gehört zur Selbstverwirklichung von Mädchen bezw. heranwachsenden Frauen. Oder hast Du eine andere Erklärung, warum wir so dringend schon fast in der Pubertät Befruchtungsakten sollen, ja fast müssen. Gerade so, als müssten wir unsere Freiheit es zu tun oder eben nicht, beweisen indem wir es tun. Wir sollten uns, in dieser für uns so wichtigen Angelegenheit, schon gut Überlegen, ob wir diese Freiheit so einfach abgeben sollen. Denn wenn wir es tun, dann haben wir die Freiheit zweimal verloren.

Einmal, weil wir nicht mehr entscheiden können, soll ich oder soll ich nicht. Zum zweiten sind wir dadurch der Herreninstitution Vorsorge, Verhütung, Nachsorge ausgeliefert. Wobei der unscheinbare Begriff Nachsorge bis zur Abtreibung führen kann. So steigen wir dann als Gynherrn- und emanzenhöriges Mädchen in das sogenannte emanzipierte Liebesleben ein. Die reden ja auch sogar von Liebe „machen", eben technisch lieben Da frage ich mich dann schon, ob das für uns wirklich so die Liebe ist, die wir uns vorstellen. Aber scheinbar gehört sich das so, Liebe ist gleich sich befruchten lassen, ohne dass es zur Befruchtung führt. Also, dringend die Pille, oder Spirale, oder was es sonst noch für Verhütungsmöglichkeiten gibt, denn etwas Alternatives dazu fällt uns auf Grund unserer hochentwickelten modernen manngesteuerten Aufklärung sowieso nicht ein. Da will Unsereins doch nicht als sogenanntes Mauerblümchen zurückstehen und eben alles tun um auch mithalten zu können. Also, dringend zum Herrn Gynäkologen, Er, der Herr weiß genau was das Weibchen braucht. Jetzt gehst Du also, wie die arme Sünderin zum gütigen Herrn. Und Du bist noch Jungfrau, Du hast noch dein Hymen, ein Fachausdruck der Herreninstitution, glockenganz. Das geht doch nicht, was wird Er sich denken, Er der Herr über das weibliche Geschlecht, ein Mauerblümchen, das noch hinter dem Mond lebt. Was ist zu tun, jede spricht doch davon, dass sie schon hat, nämlich, Du weißt schon, Geschlechtsverkehr gemacht. Das ist doch ein altmodischer Ausdruck, in unserer Emanzenepoche

heißt das doch Liebe gemacht. Denn Liebe macht man, das ist einfach ein technischer Vorgang, und die technische Anweisung bekommen wir von der modernen für die Männer maßgeschneiderten Aufklärung indoktriniert. Diese moderne männerbeherrschte Aufklärung ist unsere Leitlinie zur Selbstverwirklichung. Dazu gehört eben der offene und freie Zugang zu unserer weiblichen Intimität für die Männlein. Und was ist mit der Verhütung, also muss ich doch zur Institution, wenn ich die Pille will, und das vor dem ersten Befruchtungsakt. Und was ist mit der Jungfernschaft, die gilt doch nichts. Ja warum denn eigentlich nicht, ich finde meine Jungfernschaft geht zum einen niemand was an, und für mich ist es ein Zeichen von Eigenverantwortung und einem gesunden Selbstbewusstsein, denn ich kann mich entjungfern lassen, aber ich muss nicht. Hinterher hat man das Gefühl, wegen ein paar großartigen Versprechungen hat man sich benutzen lassen, das steht sich nicht dafür. Nachdem ich es getan, also gelassen habe, kann ich nicht mehr zurück. Ab da bin ich in dem System der Herrengyn eingebunden und habe die Wahlmöglichkeit, lass ich oder lass ich nicht, noch nicht, für immer verloren.
Um als weiblicher Mensch, nach der Vorstellung der Emanzen, mitreden zu können muss man schon mal, also doch zuerst ein Bumschen. Das soll natürlich kein eigentlicher Befruchtungsakt sein, nein, ein Bumschen auf meine Kosten für, ja für wen denn wohl, halt für meine von den Frauenrechtlerinnen uns eingeredete Art der weiblichen Selbstverwirklichung. Denn nach ihrer

Lesart sind wir, ohne der von ihnen propagierten Lebensweise, nicht emanzipiert. Dazu gehört einfach, dass wir alles aus dem Wege räumen was Ihn beim Liebe machen irgendwie in die Pflicht nehmen könnte. Das zeigt doch, dass wir Weibchen schon sehr jung so erzogen werden, dass wir die ganze Last der Verhütung zu tragen haben. Wir werden also schon sehr früh auf dulden erdulden, oder auf benutzerfreundlich benutzbar getrimmt. Die Männer dagegen sind schon so erzogen, dass sie es als selbstverständlich ansehen, dass wir, die Weibchen also, dafür sorge tragen, damit sie, also die Männlein, sozusagen einen Freifahrtschein von uns zum unbeschwerten Bumsen bekommen. Denn wir haben ja die Männlein nötig und nicht umgekehrt, die Männlein uns. Wir brauchen dringend den technischen Teil der Liebe, denn diese technische Liebe wird uns als das wichtigste im jugendlichen Leben angepriesen. Die Beziehung als solche ist hinten angereiht. Das hat System, denn so werden wir der Männleinwelt unterworfen. Wegen dem technischen Teil, der von den Emanzen propagierten Technoliebe, werden wir von den Herren der Schöpfung abhängig. Denn solange unsere Beziehung zum Freund auf Zuneigung und nicht auf Geschlechtsverkehr baut, brauchen wir von der ganzen hochgelobten herrenkontrollierten Intimkontrolle nichts. Ja, liebe Gelena, wir merken viel zu spät, dass wir die Zuneigung nicht durch unsere Hingabe zum Geschlechtsverkehr bekommen. Denn Männlein sind zum Geschlechtsverkehr fähig, auch wenn von Zuneigung weit und breit nichts zu sehen, oder eben zu spüren ist. Da musst Du dich nur umsehen was auf unserer Männleinwelt alles in punkto Geschlechtsverkehr geschieht. Es ist doch bekannt, dass Männer Mädchen und Frauen vergewaltigt haben um sie zu erniedrigen und zu demütigen, und sie dabei noch voll auf ihre Lustbefriedigung, oder soll ich jetzt sagen Liebe, kommen. Wir sollten also nicht gleich alles hingeben was eine Frau hingeben kann, und uns so vorausgaben, um eine Beziehung auf- bezw. auszubauen. Sondern die zuerst die Beziehung als solche erkunden. Aber leider sind wir dem Klischee der Herren und Emanzenmacht so hörig, dass wir uns willig unterwerfen. Das gehört sich scheinbar so, denn die ganzen Einrichtungen, und hier besonders die Herrengynäkologie sind danach ausgerichtet, dass wir Weibchen möglichst früh Liebe machen, und die Verantwortung der Verhütung zu tragen haben. Ja sicher, wir haben die Folgen zu tragen, ob es unsere von ihm beim Lieben verschmutzte, infizierte oder verletzte Scheide betrifft, oder die, natürlich aus Liebe befruchtete Eizelle ist. Denn bedenke, alles was hinter den Schamlippen, also in der Scheide beim Akt geschieht dient ganz natürlich der Befruchtung. Also, um die sexuelle Lust zu befriedigen, müssen wir uns befruchten lassen. Diese Befruchtung darf aber nicht stattfinden, daher müssen wir etwas unternehmen. Jetzt setzt unsere moderne Herren- und Emanzenaufklärung ein, daraus folgt, wir Weibchen müssen zum Herrn Gynäkologen. Für die Männlein eine wunderbare Einrichtung, hier werden wir für die Männlein benutzerfreundlich präpariert. Das geschieht natürlich alles zu unserer modernen weiblichen Selbstverwirklichung. Und wir modernen weiblichen Menschen glauben das bedingungslos. Denn schließlich sagen das die Herren Gynäkologen, die wissen doch ganz genau was wir Weibchen wollen und brauchen. Sie, die Herren kennen doch unsere weibliche Sexualität bis in die letzte Hirnverzweigung und natürlich auch bis in das letzte Fältchen unserer Scham zwischen unseren Schenkeln. Es stimmt schon, selbst können wir unser nach innen verlaufendes Geschlechtsorgan nicht leicht kontrollieren. Das heißt aber doch noch lange nicht, dass wir das von einem Mann, oder einer Männerinstitution machen lassen müssen. Das ist doch eine Zumutung sondergleichen, dass wir das einer Männerinstitution überlassen. Du sollst nicht glauben dass das zur Emanzipation gehört, das gehört eindeutig zur Unterwerfung des Weiblichen unter das Männliche. Bei den Bübchen ist das ganz einfach, die haben alles außen und können so ohne viel Aufwand sich kontrollieren, so sie das überhaupt wollen. Wir aber, ja wir sind fast auf Andere angewiesen, wenn wir unser nach innen gerichtetes Geschlechtsorgan kontrollieren wollen. Daher ist es äußerst notwendig, dass wir eine echte Fraueninstitution schaffen, die unsere Anliegen betreut. Wir müssen uns von den vielen Zwängen, die uns die moderne Herrenaufklärung bringt befreien. Es ist doch Herren und Emanzenmache, dass wir soviel auf uns nehmen müssen um der Männer Lust zu befriedigen. Dabei bin ich mir nicht sicher, ob es wirklich auch unsere Lust ist, die befriedigt werden soll. Oder ob diese Lust nicht einen unverhältnismäßig hohen Einsatz von uns fordert. Glaubst Du, liebe Gelena, eine von uns frägt ihn vor dem Ersten Mal ob er von sich aus schon Vorsorge getroffen hat. Also, was kann ich als Weibchen in dieser Situation tun, ich bin ja dafür nicht geschult. Ich bin ja nur doofgeschult in der Weise, dass ich beim Herrn der weiblichen Intimität so präpariert werde, dass ich für, ja sagen wir den Freund, ein gefahrloses Sexualobjekt bin, in dessen Eingeweide er sich sorglos und ohne Risiko ausspritzen kann. Das nennen die Emanzen dann Selbstverwirklichung der Frau, oder nennen sie es Liebe. Der Freund, oder sollte ich sagen Partner, Geschäftspartner, Liebespartner, das klingt doch schon so nach geschäftsmäßiger Abwicklung, hat doch kaum eine Vorstellung davon, was wir alles auf uns nehmen müssen um ihm zum gefahrlosen Gefallen bereit zu sein. Daher läuft es für ihn nach Instinkt, Situation oder Laune ab. Wir sind doch in unserer ganzen Erziehung und sexuellen Aufklärung Männleinunterwerfungsgetrimmt. Jedenfalls ist er der aktive Teil der sexuellen Handlung, und setzt selbstverständlich voraus, dass er keine Vorkehrungen zur Verhütung zu treffen hat. Du kannst in einer sogenannten Liebesbeziehung nicht immer mit Ausreden kommen um den Urtriebsbefriedigungsakt, oh Verzeihung, natürlich den Befruchtungsakt ohne Befruchtung hinauszuzögern. Denn eben die Knäblein sind so aufgeklärt, dass das Weiblein schon dafür sorgt, dass es zu keiner ungewollten Schwangerschaft kommt. Du kannst dich kaum verweigern, denn Du kannst ihn ja nicht fragen ob er die Pille genommen hat, und erwarten dass er sagt oh Schatz, ich habe vergessen sie rechtzeitig einzunehmen. Dann könntest Du sagen, schade Schatz, es tut mir leid, aber ich freue mich auf das nächste mal. Das ist natürlich eine Fiktion, denn ein Männlein hat gar nichts zu beachten, das Weibchen muss präpariert sein, sonst ist sie sowieso nicht auf der Höhe der modernen emanzipierten Zeit. Also, Du hast eigentlich keine andere Wahl als dich mittels dem Sexualtrieb des Männleins, als Weiblein selbst zu verwirklichen. Eine Alternative zur Befriedigung des Urtriebes hat man uns ja nicht beigebracht. Zu lange hinhalten geht ja auch nicht, denn es könnte auch einmal bei IHM der Eindruck entstehen, dass Du an sich, als Weib nicht sauber, nicht richtig oder nicht normal wärest, also nicht richtig tickst. Da hast Du es auf der Hand, wir haben in dieser Situation nicht die Kraft, oder die Macht ihm zu sagen, holla, was hast Du zur Verhütung und zur Sauberhaltung meiner Vagina für Vorkehrungen getroffen. Ha, von wegen Vorkehrungen, Diese sind doch selbstverständlich von uns zu treffen. Da würden uns die Männlein im Gleichklang mit den Emanzen schnell als nicht zeitgemäß selbstverwirklicht hinstellen. Andeutungen diesbezüglich sind schnell zur Hand, sag doch, was ein Mädchen in dieser Situation tun soll, außer „lassen". Eine Diskussion darüber wer Vorkehrungen und wie treffen soll um die Verhütung zu gewährleisten ist in dieser Situation doch wohl kaum möglich. Das muss eben schon lange vorher gelöst sein. Wir wollen ja schon, aber ist der Preis dafür nicht viel zu hoch, gemessen an dem, was es uns im Gegensatz zu den Männlein bringt. Wir Weibchen werden natürlich schon durch unseren Weibcheninstinkt den Männlein in die Arme getrieben. Das gilt aber für die Männlein ebenso, denn das Sprichwort, das da lautet „nur aus Liebe geht der Bock zur Ziege", es gilt trotz unserer so hochentwickelten Aufklärung immer noch. Nur unsere ach so gut organisierte Männerwelt hat uns die ganze Verantwortung der Folgen des Sexuallebens aufgeladen. Und wir nehmen alles auf uns, als ob wir auf die Männlein mehr angewiesen wären, als Diese auf uns. Das finde ich blöd, denn die Männlein brauchen uns mindestens, jawohl, liebe Gelena, mindestens ebenso, als wir Weibchen die Männlein. In Wirklichkeit brauchen uns die Männlein viel dringender als wir sie. Denn sie haben ja den Drang ihren Samen loszuwerden, und wollen das natürlich möglichst lustvoll, aber bitte ohne irgendein Risiko. Unter den Männlein kreisen ja solche Sprüche wie, ich liebe dich dringend, eben, ER möchte dringend Lieben, vulgär nennt man das abspritzen. Daher müssen wir eine Art, die Männlein würden sagen Chancengleichheit schaffen. Dazu müssten wir ganz bewusst von Kindesbeinen an auf Unabhängigkeit von Männlein erzogen und dementsprechend aufgeklärt werden. Und da darf es keine Herren über das weibliche Geschlecht geben. Diese müssen ganz bewusst durch weibliche Gynäkologen, die sich ihrer Verantwortung für das weibliche Selbstbewusstsein der weiblichen Kinder, also künftiger Frauen, im klaren sind, ersetzt werden. Deine Tochter sollte niemals sagen können, Du hast mich den Gyn-Herren zur sexuellen Ausforschung ausgeliefert. Diese Situation empfinde ich als ein

schweres Vergehen gegen das weibliche Menschengeschlecht. Es ist nicht richtig die Augen zu verschließen und so tun, als ob alles gut und richtig wäre. Das ist es eben nicht, denn wenn dann wirklich etwas im weiblichen Intimbereich ist, dann kannst Du kaum mehr etwas anderes tun als die Männerriege Gynäkologie über dein Kind vom weiblichen Geschlecht herfallen lassen. Ein scheußliches Abhängigkeitsverhältnis zwischen einem weiblichen Kinde und erwachsenen Männern, die es, das weibliche Kind, oder die weibliche Jugendliche institutionalisiert mit der Zustimmung der Gesellschaft, oder besser unter dem Beifall der Gesellschaft geistig und körperlich in sexueller Hinsicht völlig ausnehmen. Du weißt doch selbst wie das geht, Du gehst zum Herrn Gynäkologen, und der organisiert natürlich alles so, wie es Männer eben machen. Das vielleicht noch nicht einmal in der Pubertät befindliche Mädchen wird einem, oder auch mehreren Herren völlig ausgeliefert. Wir werden da von einer Männereinrichtung in unserer Intimität völlig überrumpelt. Das ist doch eine unmöglich demütigende Situation für einen weiblichen heranwachsenden Menschen. Sie muss sich aber unterwerfen, denn ihre ganze Erziehung und Erfahrung sagt ihr der Herr ist so etwas wie der liebe Gott über mein unwürdiges weibliches Geschlecht. So muss sie sich eben überwinden, und schließlich bekommt sie von der Institution die Anweisung zu einem bestimmten Termin wieder zu kommen.
So lernen wir schon zeitig, Weib sein bedeutet dem Herrn die Weiblichkeit offen zu legen, sonst kannst Du dich nicht Selbstverwirklichen. Als Ergebnis

haben wir dann die Pille im Leib, oder auch die Spirale in der Vagina, welch ein schönes Gefühl. Jedenfalls sind wir durch ihn so präpariert, dass ER eben nichts dazu tun muss, damit ich als Samenentsorgerin funktioniere und alles auf mich nehmen kann um nicht schwanger zu werden. Also, wir sind Männergesteuert, denn was wir in der Verhütung machen ist alles auf den bequemen Verkehr des Mannes abgestimmt. Das gibt es doch nicht, es muss für uns weibliche Menschen weniger belastende Methoden zur Samenentsorgung und der Verhütung geben als diese für uns so beschämenden und aufwendigen Männermethoden. Dabei wäre es doch so einfach wenn wir unseren weiblichen Körper besser kennten. Aber den kennt nur der Gynherr wirklich, wir kennen unseren Körper nur insofern, dass wir wissen zu diesem Termin, oder bei jenem Anzeichen müssen wir zu IHM dem Herrn über die Weiblichkeit. Besonders am Anfang unserer Geschlechtsreife gibt er, der Herr über das weibliche Geschlecht, uns seinen Segen für die freie Liebe, eben frei und unbeschwert für die Männlein. Soviel habe ich schon herausgefunden, und ich weiß das auch aus Gesprächen mit Mädchen und Frauen. Es scheint mir überhaupt so, dass die Männer denken, wir Frauen sind dafür verantwortlich, dass sie ihren Trieb risikolos in uns ausleben können, und sie, die Männer sind immer fein heraußen. Diese Zusammenhänge machen mir immer mehr bewusst, dass nämlich die Pille eigentlich für uns Frauen eine Situation geschaffen hat, die uns zum allzeit verfügbaren und risikolosen Lustobjekt der Männer macht. Sie können uns also sozusagen barfuss wie einen Apparat benutzen. Denn bevor es die Pille gab musste der Mann etwas tun, wollte er nicht Vater werden. Er war also fast gezwungen von sich aus Vorkehrungen zu treffen etwa ein Kondom zu verwenden, oder was es sonst noch alles gab. Auch wurde mehr auf die von alters her bekannte Zeit der Unfruchtbarkeit geachtet. Diese Zeit der Unfruchtbarkeit wurde mit der modernen Herrengynäkologie ja völlig abgewertet. Diese Methode hätten wir weiter entwickeln sollen. Aber das wäre zu einfach gewesen und hätte der Herrengyn nicht so viel Macht über den weiblichen Menschen gegeben. Besagte Institution ist daran aus ihrer Warte kaum interessiert, und die Männlein, oder sollte ich sagen User, müssten sich unseren Vorgaben anpassen. Jedenfalls konnten die Männer nicht so wie seit es die Pille gibt jederzeit und völlig sorglos ihren Samen in die Frau hineinpumpen und zwar mit der Gewissheit, die Pille regelt das schon. Es ist gewiss kein Zufall, dass die Pille von einem Manne erfunden wurde, denn Frauen hätten vielleicht einen für die Frauen leichteren Weg gefunden um dieses Problem zu lösen. Es gibt bestimmt für uns Frauen einfachere, und besonders gesündere Methoden als sie uns jetzt eingeredet werden. Allein wenn ich an den Umstand denke, dass wir ja nur ein paar Tage des Monats fruchtbar sind, und der Samen des Mannes auch nicht lange hält. Aber solche Methoden wären für uns zu einfach, denn dadurch bräuchten wir keine Pille. Die Interessen, die hinter der Pille stehen, vom Herrn Gynäkologen, über die Pharmaindustrie, bis zum Samenspritzer, sind wesentlich stärker als wir von der Herrengyn abhängigen und aufgeklärten Modernweibchen. Stell dir nur vor, nie mehr als wie ein Uhrwerk Pillen schlucken, oder ständig auf die Spirale, oder sonst irgendeine Abdichtung in unserem Geschlechtsorgan achten. Aber eben folgsam und verantwortungsbewusst wie wir sind, unterwerfen wir uns der Methode, die ja, wem wohl, am meisten nützt. Stell dir vor, Du würdest das Sexualleben nach deinem Eisprungzyklus gestalten. Du schlucktest keine Pille, ließest dir von der Herreninstitution keine Spirale einsetzen, man würde dich fast als Ketzerin betrachten. Was wäre das für ein Freiheitsgewinn gegen den Zwang der termingerechten Pillenschluckerei, von den Nebenwirkungen einmal ganz abgesehen. Eine Woche lang auf das urtümliche, oder sollte ich besser sagen urdümmliche, befruchtungslose Befruchten verzichten. Dafür aber mit Phantasie eine vielleicht noch attraktivere Erfüllung praktizieren. Aber diese Gedanken dürfen wir gar nicht aufkommen lassen, wir haben uns der modernen Unterwerfung unter das Männlein und Emanzendiktat anzupassen. Und zudem wir Weibchen müssen allzeit bereit sexuell funktionieren. Und so ist es für die Männlein äußerst bequem, ja geradezu herrlich ohne irgendwelche Vorsichtsmaßnahmen sich in unseren Eingeweiden risikolos auszuspritzen. Dazu kommt noch der Umstand, dass wir Frauen unter ständiger gynäkologischer Herrenkontrolle stehen, er hat also auch die Gewissheit, dass unser Unterleib für IHN nach Vorstellung von Männern immer gewartet und schussbereit gehalten wird. Ja, liebe Gelena, es ist schon so, wir Frauen und Mädchen tun alles um IHM zu Diensten zu sein. So etwa wie die lieben Büblein ihre Maschine immer zum Service geben, so machen wir es mit unserer Scham in der Herrengyn. Ja, liebe Gelena, was wären wir doch für arme Weiblein ohne dieses Herrenservice für unsere Scham. Den Samen haben wir dank der männleinfreundlichen Pille gefahrlos, in unserer Scheide, aber ich glaube nicht, dass das für uns wirklich so gefahrlos ist. Denn was der Samen in unserer Scheide anstellt, auch wenn es durch die Pille zu keiner Empfängnis kommt, wissen wir doch nicht wirklich. Denn wenn diese schleimige Masse Aids übertragen kann, wer weiß schon wirklich was in diesem dicken Saft noch alles ist, was in unserem Innenorgan über kurz oder lang gesundheitliche Probleme schafften kann. Bestimmt ist auch das eine Ursache für spätere Probleme im Unterleib. Dazu kommt doch noch, dass dieser Penis, den der Mann in unsere Scheide stößt ein großer Schmutzträger sein kann. Denk doch nur wie oft ER diesen aus dem Hosenschlitz herausholt zum Wassermachen, und das oft genug mit schmutzigen Fingern und an manchmal sehr unhygienischen Orten. Es ist doch nur im Idealfall möglich das männliche Glied, bevor er es in die weibliche Scheide stößt, entsprechend zu reinigen. Ja ich möchte dir sagen, gerade in der Phase, in der die Sexualität in der Jugend beginnt, ist doch mehr Spontaneität denn Verstand und Vorsicht im Spiel. Und dann noch die indirekte Werbung für möglichst frühen Geschlechtsverkehr. Das wird ja in der Öffentlichkeit schon fast als selbstverständlich angesehen, Jungfrau sein wird eher als rückständig belächelt. Da wird doch nicht groß vorbereitet und auf alle möglichen Risiken geachtet. Denn sozusagen im Hinterkopf kreist so ein Gedanke etwa ER, der Herr Gynäkologe hat das dann schon im Griff, und bei mir wird schon nichts sein, Hauptsache das Büblein wird zufrieden stellend sexuell bedient. Dabei möchten gewisse Kreise uns noch das sogenannte Quicky, also auf die besonders schnelle für die Herrlein, begeilen. Ja was soll denn das, bin ich denn nur noch ein Entsorgungsschlitz für irgendeinen der vielleicht zu mir sagt, hallo du, ich liebe dich dringend! Das ginge doch in die Richtung Abwertung des weiblichen Menschen zum Konsumgegenstand. Wir müssen uns schon fragen, ob das in unserem Interesse ist. Das kommt doch beinahe so heraus, dass nicht wir über unsere weibliche Intimität bestimmen, sondern wir haben uns zur sorglosen Samenentsorgung bereitzuhalten. Das hieße dann doch, wir müssten unsere von der Herrengyn präparierte Scham selbst einer flüchtigen Männleinbekanntschaft öffnen. Diese art von Aufklärung führt ja geradezu dazu, dass wir unser Selbstwertgefühl verlieren und uns bereitwillig dem benutzt werden Diktat unterwerfen. Aber was für ein Schmutzfänger alleine die sogenannte Vorhaut des Mannes darstellt, ist doch schon eine Zumutung für die Scheide. Der Penis wird doch beim regelmäßigen hineinschieben und herausziehen aus unserer Scheide geradezu vorzüglich gereinigt. Der Schmutz eines ganzen Tages oder auch mehrerer Tage, der sich am Penis und besonders hinter der Eichel angesammelt hat, wird so geradezu in unsere

Scheide hineinmassiert. Auch frisch gewaschen, denk doch nur an Rückstände von Reinigungs- oder auch Desinfektionsmittel, die so in die Innenseite gelangen können. Alle diese Gefahren wurden durch die Pille geradezu verstärkt und vermehrt, denn das Kondom war von daher bestimmt hilfreicher, mit dem Ergebnis, dass Frauen Probleme mit ihrer Scheide bekommen. Und dadurch umso mehr glauben, sie, die Frauen seien eben anfällig. Bevor es die Pille, oder etwa die Spirale gab, konnte eine Frau sich leichter verweigern. Unsere Scheide ist nun halt einmal ein sozusagen offenes Organ, und durch die diversen Säfte, die hier ihren Weg nach außen suchen, fühlen wir uns halt immer irgendwie nicht dicht und nicht so sauber. Das ist aber ganz falsch, denn in Wahrheit geht ja nur das weg, was der weibliche Organismus entfernen will. Und zudem sehe ich das als eine Art Reinigung von innen heraus für unsere Scheide an. Die Männer spritzen mit ihrem Samen ja auch noch eine Menge Schleim mit aus, wer weiß, ob das nicht auch so etwas wie eine Reinigung von innen ist. Aber nein, die Wissenschaft, natürlich die der Männer hat das längst geklärt. Und wir Weibchen sind weiterhin für die Entsorgung des unerwünschten Schleimes der Männlein zuständig. Bevor es die Pille gab da mussten die Männer besser aufpassen um uns nicht ungewollt zu schwängern. Alleine dadurch mussten unsere Vorfahrinnen nicht soviel Samenschleim entsorgen, denn sie, die Männlein waren bestrebt den Samen heraußen abzuspritzen. Seit es aber die Pille gibt, da haben wir Weibchen die doppelte und dreifache Last zu tragen. Also, ich meine wir werden

ungehemmt mit Samenschleim vollgepumpt, dann müssen wir die „ungefährliche" Pille regelmäßig, wie computergesteuert schlucken, ja, ja schön regelmäßig, damit wir auch wirklich jederzeit, oder sollte ich sagen, allzeit bereit, wie die Feuerwehr für die Spritztour des Männleins parat sind. Und last bat Not least, wir sind für IHN ein allzeit verfügbares und gefahrloses, und dazu noch herrenkontrolliertes Schleimentsorgungsschlitzlein. Sie, also die Männlein, brauchen keinerlei Kontrolle, dafür sorgt schon die Herreninstitution im Einklang mit den Emanzen, dass wir Alles auf uns, also das schwache Geschlecht, nehmen. Bei uns Weibchen aber da wollen die Frauenärzte natürlich kontrollieren, denn unser weiblicher Organismus ist in ihren Augen ja ein Murks, der von ihnen, den Herren unbedingt kontrolliert werden muss. Wir Weibchen können das natürlich nicht, denn wir haben es ja immer schon von ganz klein an gehört und von unseren älteren Geschlechtsgenossinnen erfahren, das kann und darf nur der Herr. Nur bei IHM können wir Dummchen Hilfe in unseren Weibchenproblemen erwarten. Das aber nur, wenn wir uns streng an dessen Anordnungen halten. Und nur ja nicht etwas über deine Weibchenintimität verschweigen, oder verstecken, denn dann kann ER dir nicht helfen. Also, brav sein und alles plappern und herzeigen und anfassen lassen was ER, der Herr hören, sehen und greifen will, denn siehe, ER steht in seiner Herrlichkeit über dir, aber ER ist gewillt dir zu helfen, so Du dich IHM, also dem Herrn der Weiblichkeit, vollkommen offenbarst.
Die Emanzen blasen die Gynherren so auf, dass wir

Weibchen nicht zweifeln wer der Herr über unsere weibliche Intimität ist. Auch die ganzen Frauenorganisationen machen da mit, diese sehen, oder wollen nicht sehen, dass sie die weiblichen Menschen den Herreninteressen unterwerfen. Dazu kommen noch die von den Institutionen verharmlosten Nebenwirkungen und Spätfolgen der Pille, die uns diese Herren nach intimster Befragung unserer weiblichen Psyche und schamloser Ausgaffung und -greifung unserer weiblichen Intimorgane verpassen. Ja wir müssen es schon sehr nötig haben, dass wir uns von einer Männerinstitution so ausnehmen lassen um als weiblicher Mensch in dieser Männergesellschaft zu bestehen. Es wird ja nicht so sein, dass die so genannten Starken Frauen die Herrengyn brauchen um ihren weiblichen Intimfrust, den sie, als Starke Frauen, im eigentlichen Beziehungsleben nicht abreagieren können. Auf dem Schafott der Herrengyn lassen sie sich dann umso unterwürfiger von Männern, in ihrer weiblichen Intimität, abfragen, ausgaffen und abgreifen. Das hieße ja, die Starken Frauen, oder Emanzen, spielen im eigentlichen Leben auf; ich lass mir vom Mann, oder eben den Männern dies und das nicht gefallen, um ihrer Rolle gerecht zu werden. Ihren weiblichen Unterwerfungstrieb reagierten diese dann in der Herrengyn ab. Das wird doch nicht der Grund sein, dass die weibliche Geschlechtlichkeit immer noch so fest in Männerhand, besser noch in Männerhänden, ist. Nun in diesem Falle geht es ja um erwachsene Frauen, diese wissen, oder sollten es zumindest, worum es geht. Wie ist es aber mit den weiblichen

Kindern und weiblichen Jugendlichen, müsse diese heranwachsenden künftigen Frauen auch zur Herrengyn. Für weibliche Kinder und weibliche Jugendliche ist das doch eine Zumutung sich in der Herrengyn zu prostituieren. Das bedeutet doch ganz klar, eine Männerinstitution stört das weibliche Selbstwertgefühl dem Manne gegenüber, das ist doch Nötigung. Hier wird doch das Selbstwertgefühl der künftigen Frau gebrochen, da wird doch den weiblichen Kindern und weiblichen Jugendlichen unterschwellig angezeigt, der weibliche Mensch hat kein Recht auf Wahrung seiner weiblichen Intimität dem Herrn gegenüber. Es ist doch beschämend für uns weibliche Menschen, dass wir das, wenigstens für die weiblichen Kinder und weiblichen Jugendlichen, nicht selbst leisten können. Sind wir weiblichen Menschen nicht Mensch genug, sind wir in unserer Menschenwürde zurückgeblieben, oder sind wir einfach nicht fähig unsere Intimität zu verstehen. Das ist doch nicht möglich, wir müssen unsere Angelegenheiten selbst in die Hand nehmen, wir brauchen doch nicht die Männer um uns zu erklären wie wir mit unserer Geschlechtlichkeit umzugehen haben. Ja, die Starken Frauen, und Emanzen werden jetzt sagen, die Gynäkologen sind ja keine Männer, ja was denn, Eunuchen, Übermenschen oder gar Götter. Kleinen Mädchen kann man das vielleicht einreden, aber die weiblichen Kinder und Jugendlichen realisieren sehr wohl dass das Männer sind, denen sie in ihrer bislang respektierten Intimität ausgeliefert werden. Wer ist denn verantwortlich dafür, dass weibliche Kinder und weibliche Jugendliche sich einer

Männerinstitution der Sexualausforschung stellen müssen. Sind das Interessen, die den weiblichen Menschen unterwerfen wollen, um ihm später zu sagen, wenn du ein richtiger Mensch sein willst, musst du wie ein Mann werden. Das wird den weiblichen Kindern und weiblichen Jugendlichen vorgezeigt, indem man sie der, von der Öffentlichkeit als selbstverständlich angesehenen, Herrengyn zur Sexualoffenbarung geradezu zwingt. Hier sehen und lernen sie doch, Frau sein ist Unterwerfung, Mann sein ist unterwerfen der Frau bis in die letzte Sexualfalte, von der Grauen Masse, bis zum hintersten Geschlechtsmerkmal. Ein Zyniker könnte sagen, die Emanzen und Starken Frauen haben es verstanden sich für ihren Intimfrust eine legale Männerinstitution zu erhalten. Und so strebt denn die Frau immer mehr dem männlichen nach, und merkt nicht, dass das Weibliche immer mehr dem Männlichen angepasst wird. So stärken wir Frauen denn immer mehr die Männerwelt, von einer Frauenwelt will niemand mehr etwas wissen. Somit entwerten wir Frauen uns selbst, und streben nach einer, womöglich noch männlicheren, Welt, na denn gute Nacht Frauenwelt.

Liebe Gelena, ich bin einfach der Ansicht wir müssen für uns neue Wege der Sexualität suchen. Wir brauchen Methoden, die es uns ermöglichen genauso unbeschwert und ohne besondere Vorsorge unsere Sexualität zu leben. Ja, unsere Sexualität, denn ob der jetzige herrenbeherrschte Zustand unserer weiblichen Sexualität entspricht sollten wir schon sehr hinterfragen. Methoden, in denen keine Pille oder ähnliches vorkommt, dann

24

brauchen wir nicht die entwürdigenden Untersuchungen beim Frauenarztmann, damit wir die Pille oder andere Verhütungsinstrumente bekommen. Und unser nach innen gerichtetes Geschlechtsorgan muss nicht den Samen aufnehmen und irgendwie verdauen. Damit wir es den Männlein nur ja recht bequem machen können, strengen wir uns schon sehr an. Dazu überlege ich mir schon auch was diese Samenmasse, die in unsere Scheide eingespritzt wird anrichten könnte. Unsere Scheide kann ja nicht riechen und nicht schmecken, bestenfalls spürt sie ob sie, diese Masse, die Schleimhäute in der Scheide auf diese oder jene Weise beeinflusst. Gegebenenfalls können wir die Scheide ja spülen, aber das ist ja nicht so einfach, denn das müsste sofort nach dem Einspritzen der Masse geschehen. Also bleibt sie gezwungenermaßen in der Scheide und muss so von dieser, ob sie will oder nicht verdaut werden, denn herauskotzen kann sie diese Samenmasse ja nicht. Dabei soll es Gyn-Männlein geben, welche unterschwellig uns glauben machen, der Samen des Mannes in der Scheide könne nichts bewirken außer dass er uns schwängere. Das war vielleicht einmal in früheren Zeiten, bevor es unsere modernen Krankheiten gab, der Fall. Jetzt musst Du mit allen möglichen Infektionen rechnen. Ja, eben immer wir benutzerfreundlich getrimmten müssen alles auf uns nehmen und die Männlein, die lassen sich von uns womöglich noch den Spritzbimmel abputzen, für sie ist damit alles erledigt. Wir aber liegen da unser Innenorgan ausgespritzt und können nur hoffen, dass die Pille wirkt und auch sonst nichts

unangenehmes in unserer Vagina angestellt wurde.
Aber wir sind ja so den Männlein unterworfen ja
hörig, dass wir gar nicht mehr fähig sind die
Sexualität in eine Richtung zu führen, die uns von
Verantwortung befreit. Wir gehen lieber, wie der
Mann mit seinem Sportwagen, mit unserer Scheide
zum Herrengynservice um nur ja nicht von IHM
etwas abzuverlangen. Ja eben, Er soll alles bequem,
sauber, sicher und verantwortungslos benützen
können. Nur nicht ihm etwas aufladen, dafür steigen
wir Megaaufgeklärten auf das V-Gaff und
Greifgestell der Männerinstitution. Diese Herren der
Herrlichkeit sagen uns alsdann was wir so
hochgebildeten, alles wissenden Weibchen zu tun
haben. Nur nicht dem, ja wie soll ich sagen, Freund,
künftiger Mann, Partner, etwas für die Schonung
meinerseits aufhalsen. Das ist nicht opportun, er
könnte ja das Interesse an einem verlieren und eine
Andere suchen. Wir haben ihn eben nötig, daher
müssen wir alles aus dem Wege räumen um ihm
einen bequemen, freien, unbeschwerten Zugang zu
unserer Intimität zu gewährleisten. Also, wir sind
echt mega- benutzerfreundlich für das sexuelle
Urtriebsgeschehen. Ja eben, wir sind heutzutage so
hochaufgeklärt und hochgebildet, nein noch mehr
über gebildet sind wir, dass wir eine Herreninstitution
brauchen um unsere Bildung umzusetzen. So etwa
wie jener Muskelprotz, der so stark ist, dass er vor
lauter Stärke nicht mehr gehen kann und von
wesentlich Schwächeren getragen werden muss. Im
selben Jargon können wir sagen, vor lauter
Gebildetheit oder Hochbildung können wir nicht
mehr denken und brauchen daher Männlein, die

unsere weibliche Intimität vordenken und kontrollieren. Somit sind einmal unsere Sexualorgane, und unsere Sexualgedanken dank der Herren über die Weiblichkeit, und der Unterstützung der Emanzen männleinfit. Damit unsere Überdrüberaufklärung, die in Wahrheit unsere Unterdrunterunterwerfung unter das Gynherrendiktat ist, nicht so auffällt, versuchen wir unser äußeres Erscheinungsbild der Werbung anzupassen. Ja die richtige Slipeinlage, oder die richtige Regelbinde, die uns der Herr empfiehlt damit wir nur ja der Werbung entsprechen. Dazu pflegen wir uns auch äußerlich mit Schminke, Duftwässerchen, Reizwäsche und passenden oder auch unpassenden Frisuren für die Männerwelt. Du sagst wir pflegen uns für uns, weil es uns Spaß macht, natürlich, aber nur weil die Männer das mögen und uns eben mehr Aufmerksamkeit widmen, wenn wir aufgedonnert sind. Die schöne Wäsche, tragen wir die etwa nur für den Frauenarzt, klar auch, denn der soll uns auch von der besten Seite sehen. Aber eigentlich tragen wir doch all die schönen Sachen für unseren Auserwählten. Und wenn wir noch keinen Auserwählten haben, dann sind wir doch zumindest für den Fall des Falles gerüstet. Denn ohne frühe Sexualfreundschaft ist man als Mädchen schon fast verdächtig komisch. Denn es stimmt schon, dass die Augen der Männer besser entwickelt sind als ihr Verstand, zumindest was ihre Meinung von Frauen anlangt. Du siehst doch auch, dass wir Weibchen uns so benehmen, als hätten die Männer nur Augen und wenig Verstand. In gewisser Weise stimmt das auch, denn die Männer schauen wirklich mehr auf unser Äußeres, sie wollen einfach sehen, eben mit den Augen feststellen was wir ihnen als Lustobjekt versprechen. Die Männer sind, so glaube ich nicht so sehr daran interessiert wie gebildet oder gescheit ein Weibchen ist. Sie, die Männer wollen vielmehr glatte, kurvige und möglichst nackte Haut sehen. Diesen Gefallen tun wir ihnen auch indem wir unsere Beine dementsprechend bestrumpfen, oder sonst wie unsere weiblichen Formen mehr oder weniger raffiniert betonen. Die Mode hilft uns da sehr, und verhüllt oder enthüllt uns bis an die Grenzen des völlig Nacktseins. Denn, wenn etwa ein Höschen nur noch aus einem handtellergroßen Fetzlein mit zwei Spagettischnürchen besteht, ist das doch nur noch eine Andeutung von Bekleidung. Das wollen die Männer einfach, so glauben wir es zumindest, daher investieren wir auch soviel in unser Äußeres. Denn auch die Kosmetik, die wir im Gesicht oder wer weiß wo überall auftragen, ist eine Art Bekleidung für uns. So scheint es mir fast, dass wir die Männer von unserem eigentlichen Ich-Sein ablenken und nur unser Äußeres, das für IHN so Anziehende an uns, als unser Wesen vorgaukeln. Auch mit den Frisuren können wir ablenken und unser wahres Gesicht verbergen. Oder was glaubst Du wozu es gut ist, wenn wir die Haare derart aufwendig pflegen und aufrichten. Manchmal denke ich, es muss doch wohl so etwas wie einen tieferen Grund dafür geben, dass wir um unser Äußeres sosehr besorgt sind und soviel dafür aufwenden. Es scheint fast so, dass wir unser ich irgendwie verstecken wollen. Es ist doch geradezu augenscheinlich wenn wir Frisuren tragen, die uns ständig zwingen die Haare aus dem Gesicht zu streifen, weil diese uns irgendwie hinderlich sind, oder sind das nur Verlegenheitsgesten um abzulenken. Da könnte man ja geradezu sagen, diese Frisur ist darauf angelegt um ein gewisses Versteckspiel zu treiben. Ein solches Versteckspiel hat in gewissen Situationen bestimmt seinen Reiz. Nur wenn wir uns unserem Umfeld gegenüber nicht perfekt genug fühlen, dann sollten wir einmal eine Ursachenforschung bei uns anstellen. Fühlen wir etwa in unserem Innersten so etwas wie Minderwertigkeit gegenüber dem Manne, versuchen wir daher ständig unser Äußeres zu betonen. Wir versuchen uns nach außen hin so wichtig zu geben, dabei wirft uns ein Lüfterl, das sich mit unserer Weiblichkeit verheddert schon aus der Fassung. Mit Lüfterl meine ich etwa eine dumme Bemerkung von einem Manne uns gegenüber, auch wenn diese nicht ernst gemeint ist, aber wir fühlen uns sofort betroffen. Das zeigt doch auch ein wenig unsere gefühlsbetonte Denkweise, oder sollte ich besser sagen, unsere innere Unsicherheit. Diese Unsicherheit wird uns doch nur anerzogen. Denn unser Denken und Handeln ist doch immer mehr Männerbezogen. Wir sind außerstande das Weibliche über das Männliche zu erheben. Ständig eifern wir den Männlein nach und benehmen uns dabei oft genug wie verkappte Flittchen, als die wir in der Werbung angepriesen werden. So etwa, wir müssen nur die passenden Slipeinlagen tragen und das richtige Make-up, dann sind wir Frau von Welt und Macherin. Dabei ist es gar nicht so wichtig wie alt wir sind, oder wie wir aussehen. Viel mehr wichtig ist wie wir uns benehmen, wie wir unsere Weiblichkeit den Männlein gegenüber betonen, oder sonst wie zur Geltung bringen. Die Aufklärung ist nicht darauf ausgerichtet, dass wir aus unserer, von den Männlein so begehrten Sexualität möglichst viele Vorteile für uns herausholen. Nein, eher das Gegenteil ist der Fall, die Aufklärung, so wie sie von den Emanzen und der Männerwelt betrieben wird, unterwirft uns weibliche Menschen den Männerinteressen. Diese wiederum sind so ausgerichtet, dass wir uns unserer sexuellen Macht den Männlein gegenüber nicht gewahr werden. Ja wir Weibchen werden uns dieser Macht vor lauter V-Beichtstuhl der Herreninstitution, oder sollte ich besser sagen, der Emanzenbefriedigungsinstitution, von unseren weiblichen Möglichkeiten sosehr abgelenkt, dass wir gar nicht dazukommen unsere wahren Möglichkeiten den Männlein gegenüber zu erkennen. Da wird doch eigentlich eine Art Minderwertigkeit des weiblichen Geschlechtes suggeriert, indem unser weibliches Ich auf dem Beichtstuhl der Herreninstitution von Herren zerpflückt wird. Diese Institution präpariert uns in der Weise, damit wir für die Männlein völlig risikolos funktionieren. Das zeigt doch, wir haben nicht das Wissen und die Möglichkeit, sorglos zu lieben. Es sei denn, Du betrachtest unsere bei der Herrengyn, die Pille oder Spritze samt ihren Folgen für uns. Oder die Spirale, die Dichtung und was es eben sonst noch alles für die bequeme Benutzung unseres, scheinbar so kontrollebedürftigen Organs durch die Männlein gibt, als für uns adäquate Maßnahmen, deren Auswirkungen und Folgen für uns kaum der Rede wert sind. So läuft es dann halt nach dem Urtriebsschema der Männer ab. Wir hätten doch die Möglichkeit ihn, indem wir seine Männlichkeit „behandeln", für uns nutzbar zu machen. Warum sollen wir unsere Sexualmöglichkeiten, die wir zweifelsohne haben, nicht zu unserem Vorteil nützen. Weil die Emanzen und die Hohenpriester unserer weiblichen Geschlechtsorgane das nicht wollen. Es ist doch aus der ganzen Geschichte ersichtlich, was Männlein alles unternehmen um ihre Sexualgelüste an uns zu befriedigen. Durchwegs sind doch wir die Dummen, und so manche wird sich erst nach dem sie sich seinen Werbungen ergeben hat sich dieser Zusammenhänge bewusst. Wir müssen unsere Sexualität entwickeln, und zwar so, dass immer wir fein heraußen sind, und nicht, so wie es seit den Hexenverfolgungen ist, die Männlein die Lacher sind. Wir dürfen uns nicht einschränken lassen unsere Möglichkeiten als Weibchen dem begehrenden Männlein gegenüber für uns vorteilhaft anzuwenden. Dabei kann, wenn wir schlau genug vorgehen unsere innere Vagina sauber bleiben, bedenke nur was wir uns damit an demütigenden Unannehmlichkeiten wie die Intimbefragungen und die Intimuntersuchungen durch eine Männerriege, vorschriftsmäßiges Schlucken der Pille, Einsetzen der Spirale usw. ersparten. Von den kurz- und langfristigen Nebenwirkungen physisch und psychisch gar nicht zu reden. Die moderne Gyn-Hohenpriester mit ihrer modernen, schon an sehr jungen Mädchen erprobten Weibchenfängerei, oder sollte ich nicht besser sagen, eine moderne Art der

Hexenverfolgung von noch unschuldigen Mädchen durch Inquisitoren, natürlich männlichen wie es damals ja auch war, sorgt schon dafür, dass wir eher glauben, wir seien ein menschlicher Murks, und sie, die Männlein die wahren Menschen. Wir sind nämlich das Leben, die Liebe, die Schönheit und das Glück der Männlein auf Erden. Nur endlich aufgeklärt müssen wir werden, wie wichtig wir für die Männlein sind. Und zwar ganz jung schon muss das uns bewusst gemacht werden. Dass die Männer mehr Hirn, also Verstand haben als die Frauen ist nur bedingt richtig. Ihr Verstand ist mehr auf das Technische ausgerichtet. Das kannst Du aus der ganzen Entwicklung unserer Männergesellschaft herauslesen. Mit diesem Technoverstand haben es die Männlein zuwege gebracht, dass sie, die Männlein, dank der Pille, zur Verhütung nichts mehr beitragen müssen. Dass wir uns ihrem Technoverstand unterworfen haben, wird schon alleine dadurch erhärtet, dass es diese zuwege gebracht haben die Verantwortung im ganzen Geschlechtsleben völlig uns Frauen aufzubürden. Sie selbst können ohne jede Verantwortung ihren Geschlechtstrieb in uns, durch die Herrengyn gebrauchsfreundlich gemachten weiblichen Objekten, ausleben. Denn wenn sie schwanger wird, ist ja sie die Dumme, sei es weil sie die Pille vergessen hat, oder sonst wie sich nicht richtig vorbereitete. Denn eine ungewollte Schwangerschaft kann es ja nicht geben, wenn das Weibchen sich richtig vorbereitet. Und richtig vorbereitet sind wir, nach heutiger Lesart, wenn wir den Herrn Gynäkologen konsultieren. Wir, als der weibliche

Teil der Menschheit, sind dazu, also den weiblichen Teil der Sexualität zu kontrollieren, scheinbar nicht fähig.

Es ist doch wirklich so, dass es eine ungewollte Schwangerschaft gar nicht geben kann, außer es war tatsächlich eine Vergewaltigung. Denn wir sind doch wirklich, also im biologischen Sinne, so sehr aufgeklärt, oder doch nicht. Wie kommt es denn, dass so viele Abtreibungen vorgenommen werden. Sind das alles Opfer von Vergewaltigungen, doch wohl kaum. Dann sind diese Schwangerschaften aus Dummheit oder mutwillig entstanden. Denn ich muss doch „lassen" um schwanger zu werden, also habe ich zu dieser Zeit die Absicht gehabt, aus welchem Grund auch immer, schwanger zu werden, und es später wieder bereut. Es ist doch wohl nicht anzunehmen, sie habe ihr Empfängnisorgan aus unbändigem Triebe heraus über das Glied gestülpt und so den Samen in sich hineingesogen. Oder ist es vielleicht doch so, dass wir uns, trotz besseren Wissens, der Unterwerfung unter das Männliche im richtigen Moment nicht entziehen können. Da kommt mir auch so ein Gedanke, dass man uns unterschwellig immer sagt, dass man ja im Falle des Falles abtreiben kann. Vielleicht sind wir gerade darum manchmal doch leichtsinnig und hören auf die Beteuerungen derer, die uns schwängern, oder einfach als Lustobjekt benutzen wollen. Reden wir doch darüber, so Manche hofft doch, ER wird ganz und gar bei ihr bleiben, wenn sie sich von ihm schwängern lässt. Ja, ja, es sind vielleicht nicht viele, aber ich glaube es sind doch so viele, dass wir es erwähnen sollten. Und dann sind noch die zu

beachten, die ein System ausnützen welches ledige Mütter besonders unterstützt. Dabei glaube ich sollte man zuerst jene unterstützen, welche sich zur Verantwortung für die Nachkommenschaft verpflichten. Also, jene Frauen, die zum Kind und zur Familie stehen. Aber so lassen wir uns Schwängern, obwohl wir scheinbar bestens aufgeklärt sind, weil wir im Hirn irgendwo gespeichert haben, dass wir ja im Falle eines Falles immer noch Abtreiben können. Aber ein Aspekt der Alleinerziehenden bleibt auf der Strecke. Wie kann ich als Alleinerziehende es verantworten dem Kinde den Vater zu verweigern. Denn das so gewünschte und geliebte Kind muss ohne Vater aufwachsen. Bin ich mir dessen wirklich bewusst, dass das Kind in seinem Aufwachsen keinen Vater haben wird. Dies gilt natürlich auch im umgekehrten Falle. Das ist doch fast so, ich will das Kind aus Egoismus, ich will es um ein bestimmtes Ziel zu erreichen. Das Kind benutze ich also für meine Interessen, die Interessen des Kindes stelle ich hinten an. Dazu riskiere ich sogar noch eine Abtreibung, Wenn es mir nicht das bringt, was ich will, schicke ich es wieder zurück, was immer das heißen mag. Das ist dann eine emanzengerechte Vorgangsweise, wie gut wir Modernweibchen doch aufgeklärt sind.
Und da sehe ich viel im System der Aufklärung, die in den Händen der Männer liegt, sprich Gyn-Männer. Diese haben natürlich alle Ursache dafür zu sorgen, dass wir als so benutzerfreundlich Aufgeklärte keine Probleme bekommen. Wegen einem fragwürdigen Lustgewinn riskieren wir sozusagen Kopf und Kragen eines Kindes. Wir Weibchen haben schon

eine hochentwickelte Unterwürfigkeit den Männern gegenüber. Diese Männer, ich meine natürlich die Gynherren, treiben die Frucht, wenn diese nicht erwünscht ist ab, und machen uns für die weitere Benutzung startklar. Wahrlich keine Kleinigkeit, für eine Frau. Für den Mann ist das alles ohne Folgen, er hat leicht gescheit reden. Die Abtreibung ist schon an sich sehr bedenklich, denn wir alle, Männlein und Weiblein haben dieses Stadium in dem die Frucht abgetrieben wird auch durchmachen müssen, denn nur darum existieren wir. Diesen embryonalen Entwicklungsstand, in dem abgetrieben wird hatten wir alle einmal, nur unsere Mütter haben eben nicht abgetrieben darum gibt es uns. Daraus lese ich, dass ab der Zeugung alles zu unserem Leben gehört, denn nur so gibt es uns überhaupt. Wir sind doch noch in einer sehr tiefen Stufe unserer Entwicklung, sonst hätten wir doch schon längst eine andere Antwort auf die Befriedigung der Sexuallust gefunden als die, die viel zu oft zur Abtreibung führt. Die Abtreibung ist etwas viel scheußlicheres als es so offiziell dargestellt wird. Jene welche eine Abtreibung durchgemacht haben, reden aus verständlichen Gründen nur wenig, oder gar nicht darüber. Einer der Gründe ist bestimmt die Scham und die Demütigung über das, einer Männerhierarchie ausgeliefert zu sein. Man ist doch so überrumpelt und sieht nur Ausweglosigkeit im ganzen Geschehen, so dass die Abtreibung als einziger Ausweg erscheint. Hier müssen wir selbst Lösungen finden und nicht darauf warten bis die Herren uns vielleicht einmal etwas für sie noch lukrativeres anbieten.

Also ich, liebe Gelena, möchte niemals abtreiben, lieber verzichte ich auf solch zweifelhafte Lustgewinne und habe diese Sorgen nicht. Bei genauem überlegen ist es doch so, wir lassen uns bewusst aus primitivem Lustgewinn einen Menschen zeugen, und bringen diesen dann um. Dabei ist es wirklich unser Lustgewinn? Steht dieser sog. Lustgewinn wirklich in einem tragbaren Verhältnis zum Aufwand und zum Risiko das wir auf uns nehmen. Welch ein Kulturfortschritt unserer ach so hochentwickelten Emanzen und Männergesellschaft. Wir sollten uns wirklich einmal überlegen, ob es für uns denn so wichtig ist, dass Einer sich in uns gefahrlos und hemmungslos in unsere Scheide hinein instinktgetrieben ausleben kann. Bringt es uns wirklich soviel in einer Beziehung, wenn wir alles auf uns nehmen nur um ihm den Gefallen zu tun. Es scheint fast so zu sein, dass wir Weibchen auf das Einspritzen der Männlein in unsere Vagina angewiesen seien. Wie anders kann ich denn erklären wieso wir, soviel auf uns nehmen, damit ER, also das Männlein in seinem Trieb nur ja nicht durch von IHM zu treffende Verhütungsmaßnahmen gestört wird. Es ist schon klar, sobald wir zur Geschlechtsreife kommen wird die sexuelle Neugierde geweckt, unsere jungfräulichen und heißen Vorstellungen, die durch die Medien noch aufgebauscht werden, tun noch ein übriges dazu. Das ist doch nur darum so Mode, weil wir als ganz junge Mädchen nicht echt aufgeklärt werden. Mit nicht richtig aufgeklärt meine ich nicht Befruchtungsbiologie, dass der Mann seinen Samen, und so weiter und so fort, das wissen wir

alles. Denn, dass wir zu solch gläubigen Weibchen gemacht werden, die glauben, wenn wir ein Männlein unbeschwert bumsen lassen, ist die Beziehung gesichert. Darüber sollten wir aufgeklärt werden, wie wir unseren Sex organisieren dass wir dabei sauber und unabhängig bleiben, jawohl unabhängig. Mit Sauberbleiben meine ich unser inneres Geschlechtsorgan, das mit Öffnen der Schamlippen mit allen möglichen und scheinbar unmöglichen Erregern in Berührung kommen kann. Mit unabhängig meine ich, solange sich der Sex außerhalb unserer Vagina abspielt brauchen wir außer der normalen Sauberkeit keinerlei Vorkehrungen zur Verhütung zu treffen. Wenn wir so raffiniert das Geschlechtsleben organisieren können, dann dürfen wir mit Fug und Recht sagen, wir sind weit schlauer als es unsere kaum aufgeklärten Vorfahrinnen es waren. Ja natürlich ist das hochgeil das erste mal mit dem Freund den Körpersex erleben. Da folgen wir dann dem Urtrieb, dem schon unsere Vorfahrinnen folgten, die noch nicht einmal eine Schrift kannten. Wie modern wir doch heutzutage sind, wir werden doch von der Herrenmenscheninstitution bockproof gemacht. Dass danach die Ernüchterung kommt, die uns sagt so wunderschön wie wir es auf Grund der Versprechungen und Erwartungen war es auch wieder nicht. Dafür sind wir ab jetzt von der Herrengyn und der Verhütungsindustrie bis hin zur Abtreibung voll eingebunden.
Das ist in Wahrheit jedoch nur eine von den Emanzen und den G.-Herren erwünschte Unterwerfung unter das Männliche. Denn, ich sage

dir, zuerst sollten wir uns selbst erst richtig erkennen. Wir sollten unseren weiblichen Körper selbst erforschen. Unsere Gefühle, und die verschiedensten Stellen bis hin zur Scham erfahren. Wir haben doch Möglichkeiten uns über unseren Körper zu informieren, wir müssen diese nur erkennen und nutzen. Es ist unser Körper, und nur wir selbst haben das Recht Diesen zu erforschen. Denn umso besser wir uns selbst kennen umso weniger kann man uns etwas vorgaukeln. Dabei können wir ruhig bei erfahrenen Frauen Rat holen, aber nicht von Männlein, und schon gar nicht von Gynmännern. Als das Beste um sich selbst kennen zu lernen finde ich die eigene Sexualität zu erforschen. Und dazu ist die sogenannte Selbstbefriedigung wahrscheinlich am besten geeignet, jawohl, die Selbstbefriedigung. Du darfst dich nicht von jenen, auf Unterwerfung des weiblichen Menschen bedachten Ansichten gewisser Kreise beirren lassen, die da glauben uns weismachen zu müssen dies, oder jenes dürfen wir Weibchen aus diesen oder jenen Gründen nicht. Die wollen nur nicht, dass wir unabhängiger agieren können und unser Selbstbewusstsein stärken. Denn die Selbstbefriedigung gibt uns die Möglichkeit unsere ganze Skala der Sexualempfindungen herauszufinden und zu erleben. Und das völlig unabhängig von irgendjemandem. Die besten Techniken können wir selbst herausfinden, ob wir uns an der Bettkante reiben oder mit den Händen, das ist alles uns überlassen, das geht keinen was an. Weißt Du, mir scheint dass jene welche die Selbstbefriedigung nicht verstehen, dafür aber beim

Gynherrn sich ausbreiten, sind arme Sexualbeschränkte. Die Männlein sind doch bekannt dafür, dass sie Selbstbefriedigung betreiben. So ist doch etwa der Ausdruck Faustmarie ein geradezu klassischer Beweis dafür. Die haben da weit weniger Bedenken wegen der Selbstbefriedigung. Wenn es ihnen gerade passt, dann packen sie eben ihre Faustmarie und sind entspannt. Wir Weibchen haben alle möglichen Bedenken, und ein schlechtes Gewissen wegen der Selbstbefriedigung. Überlege doch einmal warum das denn so ist. Du kannst es drehen und wenden wie Du es willst, das ist alles System um uns von uns selbst zu entfernen und uns männleinabhängig zu machen und auch so zu halten. Das sollen wir nicht, es hat niemand ein Recht uns in unsere Intimität oder Sexualität dreinzureden. Es ist unsere Entscheidung, ob wir oder wie wir uns sexuell Befriedigen. Wenn Du immer noch glaubst Selbstbefriedigung sei etwas was man nicht tut, dann überlege doch einmal genauer. Alle betreiben es doch, wir essen doch selbst, wir trinken, schmatzen, rauchen, lesen, kratzen, reden, gehen usw. das ist doch auch alles Selbstbefriedigung. Die Emanzen wollen doch auch arbeiten, sie wollen nicht arbeiten lassen, etwa durch einen Mann den sie „lassen", ich meine natürlich arbeiten. Sie betreiben also mit der Arbeit auch Selbstbefriedigung ihrer Arbeitsgeilheit. Wir könnten uns ja füttern lassen, kratzen lassen, oder andere für uns reden oder hören lassen oder uns von jemandem etwas vorlesen lassen. Ja eben, kratzen lassen, das ist so ein Beispiel. Wenn es dich etwa am Rücken beißt, und jemand soll dich jetzt genau an dieser Stelle so kratzen, dass das Kratzen das bewirkt was Du willst, das ist gar nicht so einfach. Aber an einer Stelle, wo Du selbst dazu kommst, da kannst Du sozusagen echt gefühlsgerecht kratzen, oder eben streicheln. Das fällt dann eben unter den Begriff Selbstbefriedigung. Wenn wir „lassen" dann haben wir nicht Selbstbefriedigung getrieben, sondern uns befriedigen lassen, ganz klar. Eine jede soll sich selbst überlegen wie und was sie mit ihrer Sexualität macht. Nur sich an die Empfehlungen der Herreninstitutionen und der Emanzen halten soll sie sich besonders überlegen. Wir können uns doch ansehen welche Vorbereitungen und Folgen die Selbstbefriedigung erfordert oder bewirkt. Das stellen wir gegenüber der urtümlichen Befriedigung durch den Geschlechtsakt. Wenn wir weiblichen Menschen wirklich frei entscheidungsfähige Menschen sind, so können wir auch darüber entscheiden, wie wir in das Geschlechtsleben einsteigen. Ob wir uns dazu entscheiden zuerst das Umfeld der Sexualität zu erforschen. Oder uns gleich öffnen und von der Herreninstitution präpariert, sexuell benutzen lassen, also uns anderen Sexualinteressen unterwerfen. Denn, das ganze drum herum, die Untersuchungen, die Vorsorge, gegen Ansteckung von Krankheiten, zur Schwangerschaftsverhütung, das ist doch ein sehr hoher Preis, den wir für die sogenannte weibliche Selbstverwirklichung, nach Lesart gewisser Emanzen, und die Befriedigung der Lust bezahlen. Weißt Du, liebe Gelena, irgendwie zeigt unsere Einstellung zur Selbstbefriedigung doch auch, dass die technische Seite der Liebesbeziehung für uns nicht die Bedeutung hat, wie sie das für die Männlein darstellt. Irgendwie scheint mir, wird uns vorgegaukelt als wäre die Lustbefriedigung die wahre Liebe. Wir sollten uns doch auch die Frage stellen, ob unsere Vorstellung von Liebe so sehr auf die technische Betätigung eingeschränkt ist. Unsere Vorstellung von Liebe ist doch weit umfassender, als die Emanzen uns einsagen wollen. Die Männlein sind doch in erster Linie auf den Akt fixiert. Für uns hingegen ist Liebe doch mehr ein, ich möchte fast sagen, Gesamtkunstwerk in dem der Akt nur ein gewisser Höhepunkt darstellt. Du siehst also, die Selbstbefriedigung ist gang und gebe, nur in der weiblichen Sexualität wird sie so, ja das schickt sich nicht, das tut man nicht, oder überhaupt unausgesprochen in die unanständige Ecke gestellt. Und das von denjenigen, die auf dem V-Gaffgreifstuhl nicht wissen wie sie ihre Schenkel der Männerinstitution noch weiter auseinander spreizen können um ihre nackte Scham der männerbeherrschten V. Gaff-und Greifinstitution zu prostituieren. Das sollen die so brav Gebildeten glauben, ich glaube daran nicht. Dabei wird die Beziehung zum anderen Geschlechte durch die sogenannte Selbstbefriedigung nicht benachteiligt. Denn dadurch ich kenne mich besser und kann ihm mit weiblicher List und Verführungskunst beibringen, dass er mit Liebe meiner Sexualität dient. Denn überlege doch einmal was beim urtümlichen Geschlechtsakt geschieht. Da wird doch unser nach innen gerichtetes sauberes und empfindliches Geschlechtsorgan von ihm als eine Art

Entsorgungsgrube für nicht für die Zeugung eines neuen Menschen bestimmten Samensaftes benützt. Er macht vielleicht ein bisschen Vorspiel, was nur darauf abzielt so schnell als möglich zwischen den Schamlippen in die Vagina hineinstoßen. Dabei ist doch unser Reiz an den äußeren Schamteilen, nicht in der inneren Vagina. Also, der Akt ist eigentlich in erster Linie für ihn Lustbefriedigung und erst in Zweiter für uns. Aber die Schwierigkeiten beginnen für uns erst hinter den Schamlippen. Erstens wegen der Schwangerschaft, und dann wegen der Verschmutzung und der Verletzung unseres inneren Geschlechtsorgans. Wenn Du das einmal weiterverfolgst, dann geschieht uns am Anfang der Geschlechtsbeziehung etwas was nicht geschehen sollte. Im ersten Ansatz ist die Wollust unbändig, da er ja an unsere empfindlichsten Geschlechtspunkte kommt. Dabei merken wir ja nicht, dass uns das Eindringen in die Tiefe der Vagina sexuell eigentlich wenig bringt. Wir sind doch von der bockproof Aufklärung nicht darauf vorbereitet, und glauben es gehört sich so. Das merken wir, wenn überhaupt, vielleicht erst wenn alles schon gelaufen ist, und wir auf dem Bockstuhl mit offenen Schenkeln dem Herrn die Schambeichte ablegen. Ja, weit haben es die Frauenorganisationen gebracht, nachdem wir sexuell benutzt worden sind, dürfen wir den Herren des weiblichen Geschlechtes die Schambeichte ablegen. Wie emanzipiert wir Nutzweibchen doch sind. Dann kommt vielleicht ein wenig Enttäuschung auf, und wir merken dass es halt doch nicht so ist, wie wir es einmal geglaubt hatten, wie es sein werde. Dabei glaube ich immer mehr, dass die

Männlein eine ganz andere Vorstellung davon haben was der Geschlechtsakt für uns bedeutet. Denn es ist doch interessant, dass eine Frau sich kaum so um den Geschlechtsakt reißt, wie der Mann. Auch habe ich noch nie gehört, dass ein Männlein sich von einer Frau vergewaltigt gefühlt hätte. Ganz im Gegenteil, die Männlein würden das lustvolle Aufforderung empfinden. Darum zuerst sich selbst kennen lernen, und dann wenn die Geschlechtsbeziehung beginnt gleich so steuern, dass er dich so verwöhnt, dass Du möglichst sauber bleibst. Du kannst ihm vieles an Sex geben, ohne dass er den Innenteil deiner Vagina benützt. Wenn Du das erreichst, dann kannst Du für dich alles zu einem Sexualgenuss ohne Risiko machen. Selbst wenn Du seinen Samen schluckst, es passiert dir deswegen nichts. Denn wenn ich daran denke welch künstliche Lebens- und Genussmittel wir zusammenessen, also in uns hineinschlucken, von denen eigentlich niemand weiß woraus diese wirklich bestehen, dann ist der Samen dessen, den ich durch und durch kenne, also über eventuelle Krankheiten seinerseits Bescheid weiß, noch reinste Natur. Eigentlich schlucken wir doch alle den Samen in uns hinein. Jedoch nur an einer Öffnung ist das große Problem für uns. An einer Anderen können wir doch ganz einfach den Samen kontrollieren. Wir können, wenn wir geschickt sind den Samen ausspucken, schlucken oder auch herumwälzen, es liegt ganz an unserem Geschick und Wollen. Bei der dritten Öffnung ist für uns wohl auch keine Gefahr zu erwarten. Weißt Du, Du musst das alles nicht annehmen, Du kannst alles vergessen, oder beherzigen, es ist nur an dir, was Du daraus machst. Jedoch, so glaube ich, .das gehört zur echten Aufklärung. Du kannst dich auch von der Herrengyn benutzerfreundlich präparieren lassen, und dich als perfekt funktionierendes Sexualobjekt anbieten. Ganz so wie in der Werbung, die richtige Slipeinlage, denn wir wollen doch immer so perfekt sein, wie das Titelblattmädchen. Die Wirklichkeit ist ein bisschen anders, aber das können wir nicht offen zugeben. Weißt Du, mit der Zeit lernst Du ihn so gut kennen, dass Du über alles an ihm Bescheid weißt. Du weißt dann über seine Reinlichkeit in der Sexualität, um seine Krankheiten, seine Absichten. Dann kann sich die Beziehung entwickeln ohne dass Du dich sexuell vorausgabt hast, indem Du ihn in urtümlicher Weise, so wie es die Emanzen und die Pillenverschreiber wollen, Samen hast entsorgen lassen. Dieses Wissen sollten wir eben schon vor einer Geschlechtsbeziehung haben. Wir sollten uns früh genug bewusst werden, dass der Geschlechtsverkehr für uns etwas ganz Besonderes ist, und nicht etwas, das man halt tut, weil es immer schon so war. Wozu redet man uns denn diese ominöse Pille auf Schritt und Tritt ein, sie ist doch auch eine unterschwellige Aufforderung den Männlein eine allzeit dienstbeflissene und problemlose Samenentsorgerin zu sein. Wir sollten uns schon auch fragen, warum wir den urtümlichen Befruchtungsakt so dringend brauchen. Wir sind beim sogenannten Ersten Mal vielleicht völlig überrumpelt. Nach dem Geschehen aber, merken wir erst, dass es so viel für uns eigentlich nicht gebracht hat. Eher stellt sich so etwas wie benutzt worden zu sein ein. Besonders, wenn die Beziehung mehr auf dem Akt als auf der inneren Zuneigung aufgebaut war. Wir sollten einfach schon vor einer Beziehung über unsere eigene intime Befindlichkeit möglichst gut Bescheid wissen. Dadurch sind wir dann nicht so sehr Feuer und Flamme und übersehen in der Beziehung alle anderen Faktoren, so nach dem Spruch, Liebe macht blind. Gerade da sehe ich einen großen Vorteil, wenn wir unsere Gefühle vor dem ersten Sexualkontakt selbst besser kennen. Die Selbstbefriedigung macht dich so über deine Gefühle vorinformiert, und sie ist auch völlig gefahrlos. Da kannst Du dich jederzeit, völlig unabhängig entspannen, so Du das überhaupt brauchst oder willst. Du musst nicht immer denken, kommt er heute, kommt er rechtzeitig, hab ich alles gemacht, die Pille genommen, und, und. Das macht dich frei, denn wenn er nicht spurt, und glaubt Du musst alles zulassen, kannst Du ihn schulen. So hat das Männlein eben nicht uneingeschränkt die Macht alles zu verlangen. Du lernst dich selbst besser kennen und kannst ihn dadurch gezielt für deine Vorstellungen steuern, und wirst damit weit weniger enttäuscht. In einer echten Beziehung ist das für ihn natürlich auch eine schöne Erfahrung, wenn er merkt, dass er dich bestens trifft. Er muss ja nicht unbedingt merken, dass Du ihn steuerst. Nur für seine Bedürfnisse musst Du geeignete Alternativen zur Verfügung haben. Eigentlich aber sollte der Geschlechtsverkehr doch der Höhepunkt einer Liebesbeziehung sein, aber nicht so etwa wie: er kam, sah, und siegte, das wäre wohl nicht sehr klug von uns. Weißt Du, liebe Gelena, die Sexuelle

„Freiheit", die wir an sich hätten, dürfen wir nicht gegen die Abhängigkeit von den Gynherren und der Emanzenweisheit eintauschen. Denn sobald das männliche Glied unsere Schamlippen passiert, sind wir der Herreninstitution unterworfen. Da haben wir die Freiheit zu tun und zu lassen was wir wollen, verloren, verspielt. Solange unsere Sexualpraktiken nur bis zu den Schamlippen laufen, sind wir frei. Wisse, solange wir das können, haben wir ein unbeschwertes Liebesleben, weil die Verhütung oder die Ansteckung einer Krankheit, oder was auch immer sein kann, durch das Eindringen in die Vagina, dann kein echtes Thema ist. Du glaubst es gar nicht, wie viel einfacher, unbeschwerter, gesünder und leichter unser Leben als weiblicher Mensch dann wäre. Wir, die weiblichen Menschen müssen das Liebesleben so entwickeln, dass wir mindestens ebenso sorglos und gefahrlos und auch so kontrollos, wie jetzt die Männlein, das Liebesleben ausleben können. Das werden wir mit dem Herrenmenschensystem, das jetzt über unsere Sexualität bestimmt, nie erreichen. Die würden sich ja Selbst das Wasser abgraben, sprich, die totale Macht über das weibliche Geschlecht verlieren. Eine Verbesserung unserer Situation im Geschlechtsleben wird es erst geben, wenn wir Frauen die Kontrolle über unsere Geschlechtlichkeit selbst übernehmen. Also wenn die Gynäkologie von weiblichen Ärzten, oder Gynäkologen betreut wird, und die Aufklärung der weiblichen Kinder und Jugendlichen von Fachfrauen im Sinne der weiblichen Menschen durchgeführt wird. Sodass ganz klar herauskommt, wir Frauen sind eigenständige Menschen und brauchen keine Männer um unsere Intimität zu kontrollieren. Diese Einmischung der Männer in unsere weiblichen Angelegenheiten ist doch eine Zunutung für unsere weibliche Selbstständigkeit. Sie dient vorwiegend dazu uns zu willfährigen Nutzweibchen für Männerinteressen zu erziehen. Denn wenn mein Geschlechtsgegenüber meint, er könne meine Vagina als Loch für seine Sackleerung benützen, dann ist er für mich inakzeptabel. Es sollte doch selbstverständlich sein, bevor er das bei mir darf, muss er sich schon sehr in unserer Beziehung bewähren. Schließlich habe ich eine Menschenwürde, und meine Vagina ist mir viel zu schade um sie einem": er kam, sah, und siegte" hinzuhalten und von ihm vollrotzen zu lassen. Dabei ist es doch so, dass die Männer auf den eigentlichen Geschlechtsakt, also das Reiben des Penis in unserer Scheide, in erster Linie immer geil sind, nicht sosehr wir. Das sollte uns einfach immer bewusst gegenwärtig sein. Denn nur so schnell einen Befruchtungsakt, natürlich ohne Befruchtung, machen und gut gegangen, das ist mir zuwenig, dazu ist mir meine Vagina, meine weibliche Menschenwürde viel zu schade. Wir Weibchen haben scheinbar einfach nicht das Selbstbewusstsein IHM beizubringen, dass der Geschlechtsakt etwas ist, das erst nach der Erfüllung wesentlicher Voraussetzungen seinerseits von uns gewährt wird. Diese Voraussetzungen muss eine jede von uns selbst erstellen und in der für sie besten Weise durchsetzen. Je besser sie es versteht ihn dazuzubringen, dass er auf ihre Wünsche eingeht, desto mehr kann sie Gewissheit haben, dass er sie nicht nur als Apparat zur Sackleerung benützt. Dabei haben wir doch Möglichkeiten ihm den Sack zu leeren, ohne dass er deswegen unsere Vagina beschmutzt. Denn wenn es sich mit der Zeit nicht mehr vermeiden lässt, müssen wir halt selbst aktiv werden und ihm, den wir ja mögen den Gefallen auf andere Art als durch das Reiben in unserer Vagina tun. Wir hätten doch Möglichkeiten den Mann, den wir lieben um den Versand zu bringen, dass er kaum dazu käme den eigentlichen Akt auszuführen. Aber das wird uns ja nicht zeitgerecht beigebracht, und von wem auch. Jung und unerfahren glauben wir Herrengynpräparierten es gehört sich so, nur so können wir unseren Trieb befriedigen und ihm den Gefallen tun, damit ER, den wir ja mögen und behalten möchten, uns bleibt. Ja ich glaube, es ist alles so angelegt in unserer Aufklärung, dass wir uns rückständig, doof oder auch prüde vorkommen, wenn wir nicht wie selbstverständlich auf die Begierde der Männlein auf die Schnelle eingehen. Bevor wir einem Männlein unsere jungfräuliche Vagina offerieren, sollten wir über die Tragweite der möglichen psychischen und physischen Folgen informiert sein. Dies aber durch eigens ausgebildete Frauen, also sozusagen von erfahrener Frau zu werdender Frau. Also meine ich von Frau zu Frau, und nicht wie das jetzt ist nämlich vom Herrn zum Doofchen. Damit meine ich natürlich, wenn wir zum Herrn Gyn gehen um uns von diesem in unsere werdende Fraulichkeit dreinreden zu lassen, also von einem Herrn, das finde ich megadoof. Das gilt auch für die

Einflüsterungen der Emanzen, die uns das Bumsen als das alleinig Seligmachende, Selbstverwirklichende darstellen. Gerade das sollten wir genau hinterfragen, nämlich ist das Bumsen für uns wirklich so wichtig. Ist nicht vielmehr das ganze Drumherum für uns von viel größerer Bedeutung. Liebe ist für uns doch nicht einfach Dummbumsen, das wird uns doch nur so vorgegaukelt, damit wir das zur Gefälligkeit der Männlein glauben sollen, nämlich dass das Dumbumsen für uns ein wichtiger Bestandteil der Liebe sei. Wir sind aber nicht von Geburt an rückständig oder doof, sondern das Unterdrückungssystem macht uns von klein auf so männleinabhängig, dass wir alles auf uns nehmen, damit nur ER nicht irgendetwas auf sich nehmen muss. Weißt Du, liebe Gelena, als klug und ihrer Menschenwürde bewusst finde ich jenes Mädchen oder jene Frau, die es zuwege bringt ohne sich gleich ihre Vagina öffnen zu lassen die Beziehung zum Freund oder Partner, wie immer Du das nennen willst, aufrechtzuerhalten und zu festigen. Also, wenn sie die Beziehung so zu steuern vermag, dass sie auf ihre sexuelle Rechnung kommt, und er sich von ihr voll angenommen fühlt, und auf jede Begegnung mit ihr ganz heiß ist. Ja solche Sexualpraktiken wollen gekonnt sein, das braucht halt ein bisschen mehr Verstand und Einfühlungsvermögen in sexueller Hinsicht. Nicht unser weiblicher Verstand unser Gefühl ist da zuständig, sondern das uns von der herrgöttlichen Männerinstitution und der männleincoopierenden Emanzenschar indoktrinierte Wissen. Damit wir Weibchen eben bockproof funktionieren. Nur nicht so, dass wir die sind, die fein heraußen den Männlein die ganze Verantwortung, oder zumindest einen angemessenen Anteil daran anhängen können. Das ist auch kein Wunder, dass in dieser Richtung nichts läuft, wenn noch immer unsere ganze weibliche Intimsphäre in den Händen von Herreninstitutionen liegt. Da ist halt sich das Blaue vom Himmel versprechen lassen und die Vagina mit gespreizten Schenkeln hinhalten viel einfacher. Vor Allem, weil man uns schon sehr jung diese Urtümliche, oder sollte ich besser sagen Ur-dümmliche, dümmliche, Sexualpraktik unterschwellig als die einzig Wahre darstellt. Dabei ist gerade diese urtümliche Sexualbefriedigungspraxis die, die uns von der Herrengynäkologie abhängig macht. Daher müssen wir uns der V-Kontrolle unterwerfen die Pille schlucken und was es eben sonst noch für segensreiche Methoden gibt, damit die Männleinwelt mit uns machen kann was sie will, ohne selbst irgendeine Verantwortung zu tragen. Überlege doch einmal, warum das so ist. Es ist für uns weibliche Menschen geradezu beschämend, dass wir nicht schon lange Methoden entwickelt haben, die uns von jeder Herreninstitution frei machen. Aber solange wir das nicht voll selbst in die Hände nehmen sondern unsere weibliche Intimität den Herrenmenschen ausliefern, werden wir immer die Sexualdummchen dieser Herrenwelt bleiben. Dass wir diese urdümmliche Lustbefriedigung im Inneren unserer Scheide wirklich so nötig haben redet man uns wahrscheinlich nur ein. Denn die Lust sitzt bei uns doch an den äußeren Geschlechtsmerkmalen, und das ist uns am Anfang der Geschlechtsreife zuwenig bewusst. Geschlechtsorgane, wir haben viel mehr erogene Zonen als die Männlein. Die Männlein sind in ihrer Sexualität auf ihr Geschlechtsorgan beschränkt. Eigentlich sind die Männlein ziemlich sexualbeschränkt, denn sie sind fast nur auf den Akt fixiert. Darauf kommen wir erst wenn es schon passiert ist, denn in dieser so wichtigen Angelegenheit klärt uns kaum jemand auf. Bis wir das überreißen, sind wir wahrscheinlich schon lange bis tief in die Scheide hinein ausgerotzt, verschmutzt, angesteckt oder gar verletzt worden. Nicht nur im Sinne von organischer Verletzung, sondern auch in unserer Psyche. Da keimt es dann auf, besonders wenn die Beziehung noch nicht so ganz gefestigt ist, das Gefühl benutzt zu werden. Ja eben, einmal zwischen den Schamlippen hindurch benutzt, schon beschmutzt. Weißt Du, liebe Gelena, er kann sein Organ leicht auf irgendwelche Rückstände oder Verletzungen kontrollieren. Wir können das nicht, wir müssen fast jemanden damit befassen unser inneres Schamorgan zu kontrollieren. Und jetzt kommt die Scheußlichkeit, das haben sich Gynmänner als die zuständigen Herren über das Weib unter die Nägel gerissen. Gerade davon haben wir nur Unannehmlichkeiten die uns von der Männerinstitution abhängig macht. Außer wenn es Weibchen gäbe, die, die Herrenmenscheninstitution als eine Art der Befriedigung jener Lust benutzten, die in der Literatur als demütigende Unterwerfung unter das Männliche beschrieben ist. Sind etwa unsere Emanzen jene Weibchen, welche die Herreninstitution Gynäkologie als

Befriedigungsinstitution für ihr weibliches Restunterwerfungsgefühl benutzen. Denn im eigentlichen Leben haben diese Frauen sich und der Umwelt zu zeigen, dass sie nicht männleinhörig sind. Und in der Herrengyn können sie dann ihren weiblichen Unterwerfungstrieb unter dem Mäntelchen der medizinischen Notwendigkeit abreagieren. Wir sind leider so erzogen, dass wir nicht merken, dass wir viel zuviel auf uns nehmen müssen um die Sexualität zu erfahren. Weißt Du, liebe Gelena, es wäre doch für uns wesentlich gefahrloser, wenn wir ihm die Lust auf raffinierter Art und Weise befriedigen würden als auf die Primitivste und Gefährlichste. Denn nur hinhalten und lassen ist doch wohl nichts besonders gescheites, denn unsere Lust kommt dabei oft genug trotzdem zu kurz. Weist Du, hinhalten und sich vollrotzen lassen, das kann doch die Dümmste, dazu braucht keine jemals eine Schule auch nur von außen geschweige denn von innen gesehen zu haben. Diese Urtriebbefriedigung durch den eigentlichen Zeugungsakt, haben doch schon unsere Ur-Ur-Vorfahren praktiziert. Da dürfen wir sogenannten modernen, und bestens aufgeklärten Weibchen uns nichts einbilden. Wir tun doch im Grunde nichts anderes, als das, was jene seit unerdenklichen Zeiten auch gemacht haben. Nur jene waren nicht so sehr, und zwar im biologischen Bereich der Sexualität, informiert als wie wir es heute sind. Aber wir befriedigen unseren Sextrieb so, wie jene in geschichtlicher Zeit, also die ganze Last dem Bumschen. Eigentlich sind wir aufgeklärten Weibchen dümmer, als es unsere Vorfahren waren.

Denn jene hatten nicht das Wissen um ihren weiblichen Körper als wir das scheinbar haben. Uns stehen Informationsmöglichkeiten zur Verfügung , von denen unsere Vorfahrinnen nicht einmal träumen konnten. Und trotzdem bumsen, oder lassen wir bumsen, wie jene scheinbar unwissenden Weibchen früherer Generationen. Wir werden doch tatsächlich so naiv gemacht, dass wir allen ernstes glauben, Bumsen führe zur wahren Liebe. Oder sind wir vielleicht doch nicht so gut aufgeklärt als wir uns einbilden. Das Sprichwort, Liebe geht durch den Magen, würde ich etwa so interpretieren, ihn so auszuforschen, dass ich weiß was er an mir mag, oder auch nicht, aber nicht auf das Essen bezogen, sondern auf mein ganzes ich. So könnte ich besser erkennen, ob die Beziehung mir etwas bringt, oder eben nicht. Aber der Überschwang der körperlichen Sexualität, die Liebe, Versperrt mir den Blick dafür. Siehst Du, liebe Gelena, das glaube ich irgendwie auch, denn da passt genau das System der Männer und Emanzenwelt herein. Wir weiblichen Menschen werden nach diesem Herrensystem nach dem Willen und Wissen der Herren dämlich aufgeklärt, damit wir willfährige Objekte HERRlicher Machtprotzerei werden sollen. Wir hätten doch schon längst etwas zu unserer Entlastung entwickeln sollen, so dass die Männlein die Dummen sind, und nicht wir, wenn etwas schief geht. Wir werden schon von klein auf so erzogen, dass wir unsere Intimität. unser weibliches ich, einer Herreninstitution überlassen müssen. Es wird uns die Möglichkeit uns selbst zu erkennen, unseren Körper selbst zu erfahren, in uns hineinzuhorchen, unser Wissen über unsere

Weiblichkeit zu stärken genommen. Nur der Herr Gyn kennt sich in unserer weiblichen Intimität aus, ein weiblicher Mensch hat hier keine Kompetenz. Da werden eigens Frauenorganisationen geschaffen um uns Frauen, die wir anscheinend von der Männerwelt unterdrückt werden, wieder auf die Beine helfen. Dass wir Frauen aber schon als Kinder und Jugendliche von den Frauenorganisationen geduldet, wenn nicht gar gefördert, einer Männerinstitution unterworfen werden, die unsere ganze weibliche Intimität und Geschlechtlichkeit kontrolliert und uns so das weibliche Selbstwertgefühl dem männlichen gegenüber bricht, erkennen diese nicht. Es ist doch ein Armutszeugnis für die Frauenorganisationen, dass diese zumindest die weiblichen Kinder und Jugendlichen vor dieser entwürdigenden Prostitution in einer Herreninstitution nicht schützen können.

In dieser Richtung haben wir uns eben brav und gehorsam der Herrengynäkologie unterworfen. Für uns Weibchen ist es scheinbar einfacher den Rat der Weisen, also der Herren zu befolgen, die machen das dann schon. Die reden uns indirekt ein, früh sich sexuell benutzen zu lassen sei das Beste, ich glaube vielmehr, das ist für uns das Dümmste. Aber den Geliebten durch gekonnte, raffinierte Liebeshandlungen an sich zu binden, das ist nicht so einfach, aber wesentlich sicherer und angenehmer ja lustvoller für eine Frau. Aber wer klärt uns früh genug entsprechend auf, kaum jemand, wir glauben alle, dass wir schon alles über die Liebesbeziehungen wissen und „lassen" ist unabdingbarer Bestandteil der Liebe. Das scheint

mir wie eine Art Falle, in die wir auf Grund unserer Männlein-Emanzenbezogenen Aufklärung tappen. Denn im richtigen Moment zu wissen was zu tun ist, wenn er zum Akt ansetzt um ihn letztlich dennoch davon abzubringen ist nicht so einfach, wenn er voll geladen uns mit allen Liebesschwüren bedrängt. Und ein Mann, wenn er einmal in Fahrt ist, ist kaum mehr zu bremsen. Daher glaube ich einfach wir sollten schon sehr früh, damit meine ich, bevor ein Männlein uns sexuell das erste Mal zu betören versucht, in allen Belangen, oder wenigstens in den Wichtigsten der Befriedigung der Sexualgelüste ohne beschmutzen der Vagina unterrichtet werden. Dieses heiße Spiel müssen wir natürlich so treiben, dass ER nicht merkt wie wir IHN heiß lenken, und wir dabei voll auf unsere Rechnung kommen. Das müssten uns frühzeitig und gekonnt eigens dafür ausgebildete Frauen beibringen, mit dem klaren Ziel unsere weiblichen Interessen voranzubringen. Wir dürfen nicht glauben, dass wir lassen müssen um die Liebe zu leben. So werden wir doch nur von den Männlein auf unsere Kosten sexuell konsumiert, ja auf unsere Kosten. Wir müssen uns bereitstellen damit er zwischen Beruf und Sport jederzeit sich technoliebisch betätigen kann. Als eigenständig, freidenkende Menschen sollten wir doch in der Lage sein andere Lustbefriedigungsmethoden zu entwickeln. Das wäre doch herrlich, keine Pille, keine Spirale, keine Überredung des Männleins ein Kondom zu verwenden, er könnte für uns völlig gefahrlos seine Stärke ausüben.
Das sage ich dir, liebe Gelena nur, um dir zu zeigen wir müssen uns etwas einfallen lassen um unsere

Interessen zu wahren, ob es dies oder das sei, es muss nur uns helfen. Wir müssen unsere Liebeskultur selbst in die Hand nehmen. Die unterwürfige Art mit der wir den Männlein zu Diensten sind, kann doch nicht das Wahre sein. Denn wenn er darauf besteht den Akt ohne Erfüllung gewisser Voraussetzungen auszuführen, dann können wir mit großer Wahrscheinlichkeit annehmen, dass er uns enttäuschen wird. Wenn er nichts anderes drauf hat als den Akt, dann ist er entweder noch so naiv, oder ein Egoist, der seine Befriedigung auf meine Kosten erreichen will. Wenn er noch naiv, oder besser unerfahren ist, dann können wir als, zumindest theoretisch Aufgeklärte, in unsere Richtung lenken. Haben wir das Wissen nicht, läuft es nach dem Urtrieb, Gynherrn, oder Emanzenschema ab. Aufklärung läuft doch nach Männermanie ab, indem wir schon sehr jung indirekt gezwungen werden uns in der Herrengyn zu prostituieren, da wird doch unsere weibliche Intimität durch Männer verletzt. Das gehört wahrscheinlich zum System uns für die Männerwelt pflegeleicht und easy benutzbar zu machen. Weißt Du, unsere Lust ist doch nicht in erster Linie der Akt, also wenn ER bei den Schamlippen einmal durch ist, hat er mit der Eichel unser Lustzentrum schon verlassen. Er ist dann dort drinnen, wo für uns nicht die Lust, sondern die Schwierigkeiten beginnen. Für ihn natürlich ist diese Tiefe Lust, in der er seinen Saft abspritzt. Du musst dir nur einmal überlegen, wie das männliche Geschlechtsorgan beschaffen ist. Es ist außen am Körper, ständig den äußeren Einflüssen, wenn auch in der Unterhose, ausgesetzt. Es ist doch ständig konfrontiert mit Kälte, Wärme, Gehen, Sitzen und nicht zu vergessen die täglich mehrmalige Prozedur des Pipi. Das Männleinorgan ist also sozusagen von Anfang an äußere Einflüsse angepasst. Ganz anders ist es doch mit unserem Organ, da ist doch der Innenteil in unserem Bauche von äußeren Einflüssen völlig geschützt. Daher ist doch bei der sogenannten Entjungferung ein Vorgang, der an ein Eindringen eines Fremdkörpers in unsere innerste Intimität denken lässt. Jene musst Du mir zeigen, welche im nachhinein sagen kann, das Eindringen war für sie das schönste. Vielmehr, so denke ich beginnt unsere Lust mit den wunderbaren Versprechungen dessen, der uns dann streichelt, küsst und verhätschelt bis zu den äußeren Schamteilen. So aufgegeilt merken wir dann vorerst nicht so sehr was an unserem inneren Organ vor sich geht. Diese Zusammenhänge werden uns, wenn überhaupt erst bewusst, wenn die ersten Abnützungserscheinungen in der Beziehung auftreten. Oder glaubst Du, liebe Gelena, dass es von ungefähr kommt, wenn so viele Beziehungen zerbrechen, oder die Zahl der Alleinerziehenden Mütter ständig steigt. Da glaube ich schon, dass der Überschwang am Anfang der Sexualbeziehung, also der technische Teil der Liebe den Blick zur eigentlichen Beziehung verstellt, und sobald Dieser sich klärt kommt erst die nur auf Sex bestandene hohle Beziehung hervor. Es zeigt dann, dass er uns nur für die Befriedigung seiner Lust gebrauchen will, und nicht wirklich liebt, denn sonst nähme er auch auf unsere Situation voll Rücksicht. Zu diesem Zwecke dürfen wir unsere Freiheit, alles in der

Körperliebe ausprobieren zu können nicht zu unseren Lasten missbrauchen. Weißt Du, wir können ja, aber ob wir es auch wirklich tun sollen ist unsere Entscheidung. Die Freiheit etwas zu tun, oder auch nicht, sollten wir nicht leichtfertig verspielen. Denn die feine Unterscheidung, ob wir nur gebraucht, benutzt, missbraucht oder doch geliebt werden ist wesentlich. Wir sollten uns dessen bewusst werden, dass unsere Weiblichkeit unser Kapital ist, mit dem wir entsprechend gezielt unsere Interessen dem Manne gegenüber verwirklichen können. Aber wir sind dafür nicht geschult, stattdessen werden wir durch die Männerkontrolle davon abgeblockt. Solche Benutzer müssen wir früh genug erkennen und ausschalten, bevor diese uns „beglücken". Daher ist eine echte Aufklärung doch so notwendig und kann nicht früh genug erfolgen. Aber weißt Du, liebe Gelena, nicht diese Aufklärung so wie sie jetzt erfolgt. Die Aufklärung muss so erfolgen, dass wir uns unserer Möglichkeiten und Macht, die wir als weibliche Menschen den Männern gegenüber haben zu unseren Gunsten einsetzen können. Denn die Männlein brauchen uns mindestens so nötig wie wir sie. Aber wir haben viel mehr Bezug zum Leben, dadurch können wir die ganze menschliche Gesellschaft wieder mehr dem Menschlichen zuführen. Für uns Frauen ist das doch nicht Technik der Liebe das Wichtigste in einer Beziehung, wir wollen doch geliebt und nicht nur sozusagen technisch benutzt werden. Die Männer können ohne weiteres eine Frau benutzen, auch wenn sie, die, die sie benutzen gar nicht mögen, ja hassen. Der Akt ist für sie eine Art Technik um ihren

Trieb zu befriedigen. Das bedeutet doch, für die Männer ist nicht so sehr die Frau als Mensch wichtig, sondern die Frau als Objekt zum beliebigen Gebrauch um die vollen Hoden zu leeren. Das redet man uns doch nur ein, dass wir Weibchen womöglich schon mit zwölf Jahren benutzen lassen sollen. Die Männer sind natürlich liebesfähig, ich meine nicht nur technisch liebesfähig. Aber unsere Aufklärung läuft ja so, als ob die technische Sexualität, also das Bumsen, die Liebe wäre. Weißt Du, Bumsen, das kann ein jeder, aber lieben, das ist ihnen nicht in gleichem Maße gegeben, und hier sehe ich einfach ein bisschen einen Stolperstein für uns. Mir scheint es einfach so, Männlein und Weiblein meinen mit Liebe nicht immer das Selbe, genau das aber, sollten wir herausfinden. Und zwar bevor etwas wichtiges in der Beziehung geschieht. Möglichst früh bumsen gehört auch zum verdeckten System zur Unterdrückung der Frau. Denn etwa „lassen" ist schon eine Unterwerfung unter den starken Mann. So ist etwa die Jungfernschaft in dieser Zeit geradezu verpönt. Denn wie ist es zu verstehen, dass uns schon in diesem Alter Kondome, Spirale und Pille geradezu eingeredet werden. Da kommt man sich ja geradezu antiquiert vor, wenn man sich denkt ich lasse einfach nicht so früh bumsen, dann habe ich diese Probleme alle nicht. Siehst Du, liebe Gelena, wir werden schon sehr früh zu willfährigen und benutzerfreundlichen Weibchen erzogen, und damit beginnt ja auch der ganze Wust von unangenehmen Begleiterscheinungen vom Benutztwerden. Ja manchmal kommt es mir so vor, dass es auf uns so angelegt wäre, als ob wir unsere Vagina vorwiegend zum sofortigen Gebrauch durch die Männer zur Verfügung zu stellen hätten. Also, ich meine das, weil zuerst macht sich ja der Herr Gyn an unserer Vagina zu schaffen, dabei werden wir von IHM im Sinne der Männerwelt instruiert. Etwa dass der Gynherr uns entjungfern solle, damit wir nur ja recht benutzerfreundlich getrimmt seien. Ja also ich finde es geradezu als verrückt, dass wir weiblichen Menschen von einer Herreninstitution sexuell kontrolliert und instruiert werden. Diese Männer sollen unsere weiblichen Interessen unterstützen, von wegen, da werden Männerinteressen gestützt. Da können die Bübchen zu recht sagen, die Weiber sind blöd, denn sie sind zu dumm um ihre Geschlechtlichkeit selbst zu kontrollieren. Die brauchen eigens eine Herreninstitution für das Service ihrer Vagina, so ist es doch. So ist es auch kein Wunder, dass wir uns als erwachsene Frauen benachteiligt, nicht ernst genommen, und unterdrückt vorkommen. Daraus resultiert doch, dass wir Weibchen die ganze Last der Verantwortung zu tragen haben. Und wenn wir nicht alles beachten, dann müssen ja wir, die wir so schlau von der Männerwelt instruiert wurden, zur Abtreibung und nicht der User. Der zieht seinen leeren Bimmel aus der Samenscheide und ist fein heraußen. Diese uns eingeredeten Bedürfnisse, nämlich, dass wir „lassen" müssen um die große Liebe zu erfahren haben dazu geführt, dass wir Frauen der vollkommenen Kontrolle unserer Weiblichkeit durch die Männer unterworfen werden. Du kannst dir auch einmal darüber Gedanken machen, warum so viele Beziehungen in Brüche gehen. Scheinbar haben wir modernen megaaufgeklärten Weibchen doch noch nicht die richtigen Kriterien gefunden, die uns befähigen eine Beziehung aufzubauen, die von echter Dauer ist. Denn was bringt uns das, immer wieder eine neue Beziehung aufzubauen. Es läuft doch immer nur auf dasselbe hinaus. Zuerst große Versprechungen, die schier unerfüllbare Erwartungen wecken, dann feste Bum-Bum. Für IHN natürlich mit größter Freiheit, das ist doch selbstverständlich dafür werden wir ja von der Herreninstitution entsprechend aufgeklärt und bockproof gemacht. Wir sind doch so aufgeklärt und instruiert, dass wir doch tatsächlich glauben benutzt werden ist Liebe. So benutzerfreundlich wollen die Herren uns aufgeklärt wissen. Dass Männlein auch Frauen benutzen, die sie überhaupt nicht mögen, ja hassen, was in der ganzen Menschheits-Männergeschichte erkennbar ist, das wird uns nicht früh genug bewusst gemacht. Es ist doch aus der, auch jüngsten Geschichte herauszulesen was Männer mit Frauen schändliches treiben. Wenn etwa Männer Frauen, da muss man auch ganz kleine Mädchen dazuzählen, sexuell missbrauchen um sie zu erniedrigen und zu demütigen, und dabei noch ihre Lust befriedigen. Wann hört man je, dass Frauen Männer vergewaltigt hätten, das ist doch für Frauen kein Thema. Unser weibliches Geschlecht wäre unsere Macht den Männlein gegenüber, diese wäre sehr groß, aber wir werfen sie den Männlein, und besonders der ominösen Herreninstitution vor die Füße. Wir kommen gar nicht dazu, diese Macht zu erkennen, denn wir werden schon als ganz junge Mädchen auf benutzerfreundliche Weibchen getrimmt. Wir werden auf dulden, erdulden erzogen, indem wir einer Herreninstitution vollkommen ausgeliefert werden, die unsere noch sehr zarte Intimität ganz offiziell ausforscht. Dann machen die uns noch glauben wir wären jetzt frei und emanzipiert und können tun was wir wollen. Wir merken nicht, dass wir hinter das Licht geführt werden, damit sie uns wie einen Apparat benützen und ebenso kontrollieren und behandeln können. Frei und unbeschwert sind doch nur die Männlein, noch niemals in der Geschichte waren die Männlein ihrem Sexualleben so frei und ungeniert als jetzt, da wir von der Herreninstitution bockproof gemacht und durch ständige Herrenkontrolle bumsproof gehalten werden. Ja, die Männlein haben es weit gebracht, kaum sind wir aus der Pubertät, da sind wir schon bumsproof und tun alles damit wir dem auch gerecht werden. Da glauben wir doch tatsächlich, wir hätten die Freiheit zu entscheiden, ob wir „lassen" oder nicht. In Wirklichkeit können wir das gar nicht, denn sonst entsprechen wir dem Klischee nicht, das da sagt was modern, aufgeschlossen und emanzipiert ist. Ja eben früh gebumst und von der Herreninstitution für bockproof erklärt, so sollen wir sein, dann sind wir Inn. Unterschwellig wird uns indoktriniert, wir sollen unsere sexuelle Freiheit genießen. Dass dies aber nur die Freiheit der technischen Liebe für die Männlein bedeutet, und wir die Freiheit verlieren, wird uns kaum bewusst. Denn ab dem Ersten Mal beginnt die Sorge der Verhütung, der vorschriftsmäßigen Pillenschluckerei und der regelmäßigen Kontrolle unseres Geschlechtsorgans durch Herren. Das musst Du jetzt dein ganzes sexuelles Leben lang so machen, Du kommst diesem Sexualsystem nicht mehr aus. Und die Männlein, sie genießen die Freiheit, von der wir am Anfang der Liebe geträumt hatten. Ja, das verkauft man uns als die große Freiheit in der Liebe, die wir so schnell wie möglich ausnützen sollen. Ich möchte am liebsten sagen, indem wir alles auf uns nehmen, und glauben es sei unsere Freiheit, segnen wir geradezu die sexuelle Freiheit der Männlein auf unsere Kosten. Das ist inzwischen alles schon so durchorganisiert, dass wir schon gar nicht mehr merken, wie sehr wir für Männleininteressen benützt werden. Denn wir Weibchen müssen alles hingeben, damit wir jederzeit bockproof funktionieren. Menschenwürde hin oder her, die Herreninstitution im Einklang mit den Emanzen sorgen schon dafür, dass wir Männleinangepasst funktionieren. Denn was sind wir schon ohne Herrengyn, arme Weiblein, die nicht einmal wissen, was da oben zwischen den Schenkeln alles abläuft. Den herrlichen Herren sei Dank, sie haben uns an der Hand, wo denn sonst, können wir Hilfe erwarten, die uns vor der Verderbnis rettet, auf dass es uns wohl ergehe auf Erden. Das fängt doch spätestens dann an, wenn wir Mädchen schon in sehr jungen Jahren von einem Herrn unsere noch kindliche, weibliche Intimität kontrollieren lassen müssen, damit meine ich natürlich den Herrn Gynäkologen. Normalerweise warnt man uns vor diversen Männlein, aber auf einmal ist da ein Männlein das darf alles, von dem müssen wir uns alles gefallen lassen. Und dieses

Männlein Gyn macht den Männlein, vor denen man uns schon als wir noch ganz klein waren so oft gewarnt hat, alle Ehre. Nicht nur sagen musst du diesem Gyn-Mann alles, und zwar über deine intimsten Vorkommnisse, die du selbst noch nicht richtig erfasst hast, auch wenn du dich noch so sehr schämst. Was sagen die, du musst dich nicht schämen, denn das ist der Herr Gynäkologe, also soll das heißen der Herr Gynäkologe ist kein Mann. Das ist aber noch nicht alles, denn der will noch genau sehen was zwischen deinen Beinchen alles ist, und angreifen, betasten dabei darfst du dich nicht etwa zieren und so tun als ob es dich störte. Du musst dich völlig dem Gyn-Mann unterwerfen, denn das würde niemand verstehen, wenn Du dich diesem auch nur in irgend etwas verweigerstetest. Diese Männer können uns auch als noch ganz kleine Mädchen ganz legal sexuell nach ihrem Gutdünken völlig ausnehmen. Da haben wir weiblichen Kinder unseren intimsten Bereich der Psyche und unsere entblößte Scham vor dem Herrn, oder auch mehreren Herren auszubreiten und zwar so wie es im heißesten Freudenhaus beschämender nicht ginge. Normalerweise wäre das ja als Kinderschändung zu betrachten, aber da es sich um eine Art von Übermenscheninstitution handelt, wird die intime Integrität des weiblichen Menschen durch diese männlichen Übermenschen außer Kraft gesetzt. Denn wie soll ich als weibliches Kind, also als Mädchen es verstehen, wenn ein männliches Wesen mich als weibliches Kind sexuell völlig ausnimmt, und zwar mit Zustimmung der gesamten hochgebildeten und hochaufgeklärten, ja ich möchte fast sagen, unserer Emanzen- und Herrengesellschaft, das kann doch nur ein Übermensch sein. Denn wie sonst wäre es zu erklären, dass ich mir von einem Manne diese Intimbefragung und Intimbegaffung gefallen lassen muss. Da muss man sich schon fragen, wo ist denn die Kompetenz der Frau, das liegt doch auf der Hand. Wir weiblichen Menschen müssen uns mit aller Kraft in die Männerwelt integrieren, um die Männerwelt zu stärken und nur ja nicht etwas Weibliches in unsere Gesellschaft einfließen zu lassen.

Wissen die Erziehungsberechtigten oder sonst wie für Menschenrechte und Sitte Verantwortlichen denn nicht was bei dieser Untersuchung durch die Gyn-Männer uns weiblichen Kindern gemeines widerfährt. Warum machen das überhaupt Männer, sind diese wirklich mehr Menschen als die Frauen, die das doch viel besser verstünden, da sie doch all das am eigenen Leib haben. Diese Unterwerfung unter den Mann suggeriert ja geradezu, dass ein Mann ein Übermensch wäre und die weiblichen Menschen, wären dann diese etwa unter IHM. Also, IHM, dem herrlichen Menschen, somit eben dem männlichen Menschen, mit Leib und Seele unterworfen, oder vielleicht ausgeliefert. Es gehen unsere Erziehungsberechtigten oder Vorbilder wie selbstverständlich davon aus, dass es ganz normal sei. Das sieht so aus, oder es wird so gehandhabt, als ob diese Männer, oder die Männer insgesamt eine Art Götter, oder zumindest so etwas wie Stellvertreter derer wären, also weit über den normal Sterblichen stünden. Ja, Ja wir werden schon als kleine Mädchen so geschult, dass der Mann eben etwas besonderes ist, und wir Weibchen IHM eben zu Diensten zu sein haben. Nur ER, der Herr habe das Wissen und die Macht uns beizubringen wie wir unsere weibliche Intimität leben müssten. Das prägt sich beim weiblichen Kinde im Unterbewusstsein eben ein, und macht es zu einem großen Teil eben männerhörig, so dass es nicht mehr wahrnimmt wie sehr es seine Menschenwürde den Interessen der Männerwelt opfert. Das empfinde ich als eine ausgesprochen schizophrene Art Mädchen schon in ganz jungen Jahren so auf die Geschlechtsreife vorzubereiten. Man zeigt uns schon als ganz junge Weibchen drastisch, wie zynisch, die von uns als ganz persönlich empfundene Intimität tabuisiert wird. Und zwar indem man uns den Herren der Gyn zur vollkommenen Sexualausforschung ausliefert. Das ist doch ein ganz gemeiner Verrat an unserer weiblichen kindlichen Menschenwürde dem anderen Geschlechte gegenüber. Es ist doch so, alle respektieren ganz selbstverständlich deine weibliche Intimität. Beim kleinsten Verdacht, dass einer deine weibliche Intimität verletzte, wird Jener sofort als Kinderschänder angeprangert. Dann aber kann es passieren, dass Du von deinen engstverbundenen Menschen direkt, oder auch indirekt angehalten wirst deine Intimität aus diesem oder jenem Grunde kontrollieren zu lassen. Dass dieser Kontroller ein Mann ist, das wird in diesem Zusammenhang einfach übergangen. Das ist doch Prüderie, wie sie gemeiner fast nicht vorstellbar ist. Du musst dein ganzes pubertäres weibliches Ich, deine Intimität, die doch nur dir gehört einer Herren-Inquisition in nicht zu fassender Schamlosigkeit ausliefern. Das ist nach meinem Dafürhalten die größte institutionalisierte Sexualschändung von weiblichen Kindern oder Jugendlichen durch Männer.

Komm mir nur ja nicht wieder damit, diese seien keine gewöhnlichen Männer. Das sind genauso Männer, oder glaubst Du etwa, diese haben ihre Männlichkeit in der Organbank abgegeben. Ja, ja, da könnten die Emanzen sich diesen dann ankleben lassen und damit ihren Weibchenfrust abbürsteln. Vielleicht sind die Emanzen so scharf darauf alles dem Manne gleichzutun, weil sie glauben, die Männlein seien eben bessere Menschen. Sie sind es nicht, sie sind nur so erzogen. Du kannst sagen was Du willst, wir Weibchen sind uns über unsere Stellung den Männlein gegenüber überhaupt nicht im klaren. Wir wissen ja überhaupt nicht um den Wert unserer Weiblichkeit für die Männlein. Ja, woher denn auch, von den Emanzen, die nur der Männleinherrlichkeit nachstreben, und nicht merken, dass sie dadurch das Weibliche herabsetzen. Denn nach ihren Vorstellungen ist nur das Männliche wichtig und erstrebenswert, das finde ich ausgesprochen zynisch. Das Schlimmste dabei aber ist, dass wir scheinbar nicht in der Lage sind aus diesem Teufelskreis, ich wollte sagen der modernen Hexenverfolgung, aber wahrscheinlich sollte ich sagen der Sexualverfolgung durch die Herren- und Emanzenschaft, herauszukommen. Denn überlege doch einmal, die Herren wissen über unsere Intimität und Geschlechtlichkeit nur das, was wir Weibchen ihnen sagen und zeigen, also den Männlein prostituieren. Sie, die Herren der Herrengyn, drehen das dann durch ihr Herrenhirn, das ja anscheinend besser ist als das von uns weiblichen Menschen, und dementsprechend kommt etwas Herrengeprägtes heraus. Das geht doch ganz klar in die Richtung Männerinteressen, was besonders die Benutzbarkeit für die sexuelle Befriedigung der Männlein betrifft, denn die Frau ist vorwiegend doch nur die Benutzte. Dann macht er daraus noch ein sehr gutes Geschäft, und zwar ein Dauerhaftes, denn der weibliche Mensch ist so gesteuert, dass er keine andere Wahl sieht, und sich der Herrengyn lebenslänglich unterwirft. Und der Herr hat die Erkenntnis, der weibliche Mensch ist auf ihn, den Herrn der weiblichen Intimität und Geschlechtlichkeit angewiesen, da der weibliche Mensch offensichtlich selbst dazu nicht fähig ist, was natürlich das Selbstbewusstsein des Herrn stärkt und das der Frau, ja das der Frau, was ist mit dem Selbstbewusstsein der Frau. Das wirft sie schon als weibliches Kind zusammen mit der weiblichen Menschenwürde auf dem Schafott der Herrengyn dem Herrn vor die Füße.

Liebe Gelena, das ist allerdings noch nicht Alles, denn wenn ich mir überlege was die Frauenrechtlerinnen für uns alles erreicht haben, dann wird die Vorherrschaft der Männer noch offensichtlicher. Denn siehe doch, für uns Frauen müssen eigene Gesetze gemacht werden. Wir müssen also per Gesetz vor den Männern geschützt werden, allein daraus könnte man ablesen, dass wir das schwache Geschlecht wären. Das trifft vielleicht zu in dem Sinne, dass wir ein paar Muskeln weniger haben, und beim Kräftemessen wahrscheinlich öfters den Kürzeren zögen. Für uns Frauen genügen nicht die normalen Menschenrechte und Gesetze, wie sie für die Männer gelten. Es scheint fast so, dass wir Frauen und Mädchen, Menschen zweiter Klasse seien. Du kannst Dir das etwa so vorstellen, wenn eine Pflanzenart vom Aussterben bedroht ist, dann erlassen die Männer ein Gesetz zum Schutze dieser bedrohten Pflanze. Wovor müssen wir eigentlich geschützt werden frage ich mich, wahrscheinlich vor den Männern. Ist das weil die Männer die Tendenz haben, wenn ihnen eine gefällt, Diese auch anzumachen, ich meine eine sexuelle Beziehung anzubahnen. Das finde ich aber ganz normal, dass ein Mann einer Frau den Hof macht, wie es in der Literatur so schön heißt. Denn wir Frauen stünden ja schön begossen da, wenn die Freier zuerst ein Formular ausfüllen müssten mit einer Auflistung von allen Liebesbezeugungen, die von uns unterfertigt, sie dann ausführen dürften, ohne Gefahr zu laufen wegen sexueller Belästigung sich strafbar zu machen. Also, wir dürfen die Männer mit allen Mitteln der Kosmetik, der Duftwässer, der Kleidung, schmalzigen Bewegungen und so weiter ständig anmachen, aber wehe einer fasst das als Aufforderung zum aktiven Versuch das so angemachte auszuprobieren auf, dann ist er ein Wüstling, Schänder oder weiß ich was. Unter der Vergewaltigung verstehe ich, dass nicht sie einen anmacht, also durch ihr Gehabe und ihre Aufmachung seine männlichen Sexualinstinkte aufputscht, um dann, wenn er womöglich mit männlichem Nachdruck das versucht, was für einen Mann in dieser Situation zu erwarten ist, sich als

Vergewaltigungsopfer darzustellen. Da muss ich schon sagen, wir sollten unsere weiblichen Sexualsignale gegen die männliche Reaktion, die doch auf Diese folgt, abwägen. Denn eigentlich sollten wir Weibchen doch froh sein, wenn die Männer, wenn wir es wollen, begehrlich auf uns Weibchen fliegen. Also, mir kommt es fast so vor, als wüssten wir nicht, wie wir mit unseren Möglichkeiten den Männern gegenüber, zu unserem Vorteil damit umgehen sollen. Also, unsere weiblichen Signale der Situation und unserer Absicht entsprechend aussenden. Dabei möchte ich keinesfalls Vergewaltiger verharmlosen, aber ganz schuldlos sind wir Frauen insgesamt doch nicht. Denn was man von uns Frauen heutzutage alles zeigt ist nicht dazu angetan die Männer zu beruhigen. Abgesehen wie raffiniert bekleidet unbekleidet Frauen sich zeigen ist doch das Bild der Frau etwa in der Werbung so dargestellt, dass die Männer das als Ideal zum Aufreißen sehen. Sie werden also auf Schritt und Tritt angemacht, und dann verlangt man von ihnen ruhig und ungerührt zu bleiben. Das Aufreizen des Mannes durch sexbetonte Kleidung und ebensolches Benehmen sehe ich als das Gegenstück zum aktiven Versuch des Mannes sein sexuelles Ziel zu erreichen. Denn wenn ein Mann auf weibliche Sexsignale nicht reagiert, dann stimmt mit ihm doch etwas nicht. Ein raffiniertes Sexweibchen kann einen richtigen Mann zu allem bringen. Sie braucht nicht aktiv zu agieren, so wie das ein Mann macht. Sie braucht in keinster Weise Gewalt anzuwenden, sie braucht nur die geile Verführerin zu spielen. So gesehen sind die

Männlein in viel größerer Gefahr, als die Weibchen. Denn die armen Männlein anmachen bis sie die Beherrschung über ihren Sextrieb, der ja ein Aktiver ist, verlieren ist nicht strafbar. Aber wenn ein so bewusst oder unbewusst angemachtes Männlein auf die weiblichen Geilsignale hin nur den Versuch wagt, dann ist für ihn die Hölle los. Warum das so ist, kannst Du dir selbst ausmalen, vielleicht haben solche Sittenregeln gewisse Männlein gemacht, die an den Stellen im Gehirn an denen der männliche Sextrieb sitzt BSE Löcher haben. Denn sie verleugnen doch die aktive Sexnatur des Mannes, welche die Fortpflanzung der Menschheit seit Urzeiten ermöglicht hat. Denn ich glaube nicht, dass es uns gäbe, wenn die erste Frau nur nackt dagelegen wäre, und der Mann sich nur für die Früchte auf den Bäumen interessiert hätte. Das war zum Glück nicht der Fall, der Mann hat wahrscheinlich nicht lange gefackelt und seinen Fortpflanzungstrieb ausgelebt. Vielleicht hat sie damals auch nein gesagt, wir wissen das nicht, aber wenn er den Akt nicht ausgeführt hätte, wären wir wohl kaum hier. Denn durch unsere Emanzenweisheit, nein nicht so mit mir, unterschreibe zuerst einen Vertrag, der genau festlegt wo Du, wie lange, wie tief schauen, greifen oder bürsteln darfst. Sonst komme ich vielleicht nach Jahren und verklage dich wegen sexueller Belästigung, BSE lässt grüßen. Da wundere ich mich nicht, wenn einmal einem der Bimmel zum Halse steht und er von seinem Trieb, den wir ja ständig schüren, übermannt wird. Dabei ist es gar nicht so wichtig, ob das sexuelle Opfer dem weiblichen Ideal, das etwa in der Werbung gezeigt wird entspricht, es geht doch nur um die Befriedigung des Urtriebes der im Manne innewohnt. Wahrscheinlich geben wir unbewusst Signale, die, die Männer anmachen ohne dass sie, die Männer darauf reagieren dürfen, und so kommt es halt manchmal zu unguten Situationen, die niemand will. Aber das Bewusstsein, dass wir eben für die Männer passive Geschlechtspartner sind, müsste in unserem Verhalten den Männern gegenüber beachtet werden. Denn die Männer sind nun mal der aktive Teil im Geschlechtsleben, sie versuchen mehr oder weniger immer an einer Frau ein einladendes Signal zu finden. Wahrscheinlich denken viele Männer, jede ist darauf aus sich Einen für ein Abenteuer zu angeln. So versucht er es vielleicht, weil er empfindet, dass sie sehr offenherzig ist und sich scheinbar bereit für ein Intimduett gibt. Das ist ihr aber gar nicht bewusst, sie fasst das als unangebrachte Annäherung auf, wohingegen er irritiert ist, wenn sie dann ab einem gewissen Punkt ein abweisendes Verhalten zeigt. Männer wollen doch immer wieder Gelegenheiten nützen. Es ist bestimmt nicht richtig, dass die Mädchen und Frauen alle Register ziehen dürfen um einen Mann anzumachen, wohingegen er, wenn er seine Register zieht, als Nötiger und weiß noch was alles gilt. Es kann ja sein, dass so Manche sich gar nicht bewusst ist, dass sie sich durch ihr Verhalten den Männern geradezu für ein Liebesabenteuer anpreist. Damit bringt sie aber auch jene Frauen und Mädchen in ein schiefes Licht, die sich wirklich angemessen und dezent Männern gegenüber verhalten. Dazu muss ich aber schon sagen, dass jene Mädchen und Frauen, welche sich so herausfordernd bumsig bei jeder passenden oder auch unpassenden Gelegenheit den Männern geradezu anbiedernd präsentieren, halt doch gewisse Absichten Männern gegenüber hegen. Vielleicht wissen Diese eben nicht, dass Männer in der Sexualität eben aktiv programmiert sind, also auf gewisse geschlechtsspezifische Signale eben mit aktiven Versuchen reagieren. Wohingegen jene Frauen und Mädchen, welche diese männlichen Eigenheiten kennen, Diese für ihre Zwecke manchmal mit großem Erfolg ausnützen. In so einem Falle hat das Weibchen das Männlein für ihre Weibcheninteressen ausgenützt. Das könnte etwa so geschehen, dass sie, also das Weibchen einem Männlein so lange den Speck durch den Mund zieht, bis er anbeißt. Wenn ihr das gelungen ist, dann geht sie durch die Instanzen und klagt auf Sexualmissbrauch und er, der auf ganz natürliche Signale reagiert hat, muss schwer büßen. Solches hat es anscheinend schon gegeben, dass Er auf sie so hereingefallen ist, dass er deswegen verurteilt wurde. Und siehst Du, liebe Gelena, das ist doch geradezu ein Beweis dafür, dass wir weibliche Menschen große Macht den männlichen Menschen, Du kannst ruhig sagen Herren oder Götter das überlass ich dir, gegenüber ausüben können. Dabei könnte man doch sagen, hätten die Männer nicht schon seit Urzeiten auf weibliche Signale reagiert, hätte sich die ganze Menschheit wohl kaum fortgepflanzt. Das sind halt so Gedanken, aber ich bin eben doch ein wenig im Zweifel, ob wir

Weibchen den Mann richtig sehen und auch verstehen in seiner Einstellung zum weiblichen Geschlechte. Du kannst das vielleicht so verstehen, wenn Du dein Automobil unbeaufsichtigt offen abstellst, und man raubt dir dasselbe aus, dann bist Du doch selber schuld. Nicht nur das, Du bist sogar wegen Fahrlässigkeit strafbar. Denn Du darfst nicht ein Automobil unbeaufsichtigt und unversperrt abstellen. Ja, und dann noch sichtbar Gegenstände im Automobil liegen haben, die, die Begehrlichkeit von potentiellen Tätern (Täterinnen gibt's das) wecken könnten. Durch solche Verhaltensweisen wird die Begehrlichkeit geweckt, oder zumindest angeregt. Weibliche Signale wecken in den Männlein eine sehr starke Begehrlichkeit. Denn die Männlein sind eben auf weibliche Signale programmiert. Daher finde ich es schon bedenkenswert, ob wir richtig im Sinne der weiblichen Menschenwürde handeln, wenn wir uns wie ein offengelassenes startklares Superautomobil den Männlein zum Gebrauch präsentieren. Die Männlein müssen sich also ständig sozusagen den Speck durch den Mund ziehen lassen und ihren natürlichen Geschlechtstrieb verleugnen und unterdrücken. Das finde ich eigentlich nicht ganz richtig, dass wir Weibchen alle geilen Register ziehen dürfen um Männlein anzumachen. Dabei habe ich schon gehört, dass diese so Angemachten insgesamt ihre Zeugungsfähigkeit immer mehr verlören. Ob das nicht mit der ständigen Unterdrückung der natürlichsten Gefühle, die, die Männlein doch haben sollten zusammenhängt, ich glaube schon, denn wo sollen sie denn ihren aufgestauten Bumsdrang abreagieren. Sie sind doch, möchte ich einmal sagen, unter einem gewissen biologischen Druck ihren Samen auszubreiten. Das macht sie wahrscheinlich auch zum aktiven Teil der Befruchtung. Es könnte ja sein, dass Männlein, die sich ständig in vornehmer Zurückhaltung üben, ihren natürlichen Zeugungsdrang damit zumindest abschwächen. Es scheint mir sogar, dass wir Weibchen durch unsere allzu offenherzige Zurschaustellung unserer Weiblichkeit diese als unseren Machtfaktor verlieren. Wisse, Männer tun sehr viel um an ein ihnen genehmes Weibchen heranzukommen, das gäbe uns Macht. Denn wie hat schon die Großmutter gesagt, nur aus Liebe geht der Bock zur Ziege, und das über Stock und Stein. So habe ich sowieso den Verdacht, dass diese Gesetze, die für uns Frauen gemacht werden nur von Frauen verlangt werden, die diese Zusammenhänge nicht verstehen. Wir sollten mit jenen Gesetzen auskommen mit denen die Männer ja auch auskommen müssen, denn sonst beweist das ja geradezu, dass wir unter dem Menschen Mann stehen, also keine so vollen Menschen sind, wie die Männer. Dieses Bewusstsein, dass wir Frauen genauso viel Mensch sind wie die Männer müssen wir uns selbst erarbeiten. Das wird aber kaum möglich sein, solange wir Weibchen nicht einmal in der Lage sind unsere weiblichen Intimprobleme selbst zu lösen. Frauenorganisationen existieren hauptsächlich darum, weil man uns als weibliche Menschen schon ganz jung zwingt uns in einer Männerinstitution zu prostituieren. Also, damit meine ich, dass wir schon als kleine Mädchen, nicht Kinder, wie immer wieder scheinheilig gesagt wird, denn diese Bezeichnung ist ja geschlechtsneutral, eben als weibliche Kinder nur von weiblichen Menschen also nur von Psychologinnen oder Gynäkologinnen aufgeklärt oder behandelt werden dürfen. Das sollte zum Vertrauensgrundsatz werden, denn in allen Berufen gibt es Frauen, also auch in der Medizin. Ganz besonders die sogenannte Gynäkologie muss ganz bewusst von entsprechend ausgebildeten Frauen betreut werden. Diese Frauen müssen den Mädchen das Bewusstsein vermitteln, dass eine Frau genauso ein wichtiger Mensch ist wie ein Mann. Diese Gynäkologinnen sollen aber nicht nur ihre Frisur ihr Make Up oder ihre langen Fingernägel pflegen. Sie sollen sich ihrem verantwortungsvollen Beruf entsprechend verhalten. Denn wenn sie während der gynäkologischen Untersuchung der sich ihnen anvertrauenden Frauen und Mädchen ständig die modischen Haare aus dem Gesicht streifen müssen, oder offensichtlich um ihr Make Up besorgt sind, oder mit langen, spitzen Fingernägeln untersuchen. Dann kann das unter Umständen für die zu untersuchenden Mädchen und Frauen eine nicht sehr überzeugende Behandlung sein. Die Gynäkologinnen müssen halt neben ihrem Fachwissen, das sie als Frau sowieso besser verstehen, auch als Person mit Kompetenz ihre zu Untersuchenden behandeln. Sie muss dafür sorgen, dass kein weiblicher Mensch auch nur unbewusst die Befürchtung hegen muss, dass ein männlicher Mensch bei einer intimen Befragung oder Untersuchung beigezogen wird. Sie, die

Gynäkologin, sollte sich bewusst sein, dass sie einen wesentlichen Anteil zur Verwirklichung der Eigenständigkeit des weiblichen Menschen hat. Also, diese Situation darf es niemals geben, dass ein Mann, welch aufgeblasenen Titel auch immer er haben möge, an einem weiblichen Menschen in irgendeiner Weise im Intimbereich etwas zu fragen, zu sagen, oder zu schaffen hat. Die Frauen, die sich scheinbar so sehr für uns Frauen einsetzen sollten sich einmal überlegen, ob ihre Sicht für uns Frauen wirklich für uns Frauen so richtig ist. Denn wenn ich mir so überlege, dass sie, die Frauenrechtlerinnen uns eigentlich mehr oder weniger immer einreden wollen, wir Frauen oder Mädchen sollen uns selbst verwirklichen indem wir die Männer nachäffen. Sie wollen nicht sehen, dass wir Frauen es soweit bringen müssen, dass die Männer unseren weiblichen Weg nachäffen wollen. Warum müssen wir denn immer das wollen was die Männer wollen. Wir tragen Hosen inzwischen mit, Hosenschlitz vorne, als ob wir Frauen da etwas herausholen könnten wie die Männer. Ja vielleicht konstruieren die Männer für uns Dummchen einmal ein spezielles Röhrchen mit dem wir auch so gezielt pissen können wie die Männlein. Das wäre doch schön, dann könnten die Emanzen sich wieder auf die, vielleicht schon behaarte, Brust klopfen und sagen wir haben wieder ein Recht errungen, danke. Sooft wenn ich eine sehe, die sich so männlich kleidet etwa mit Krawatte oder derbem Männerhemd, denke ich mir, vielleicht möchte sie ein Mann sein. Sie kann das ruhig machen, solange sie in ihrem Menschsein eine Frau bleibt, sich als Frau nicht zurückgesetzt fühlt, sich in ihrer weiblichen Menschenwürde dem Männlichen nicht unterwirft. Das kann ein Gäg sein um die Männlein oder die Emanzen herauszufordern. Selbst wenn Du voll bekleidet lustwandelst, am Hintern und am Vordern eine große Öffnung im Gewande hast, so dass Alle deine Intimität sehen können. Da bist Du immer noch Du selbst, wenn Du es freiwillig, aus eigenem Willen machst, obwohl gescheit wäre das wohl nicht. Du kannst Dich herzeigen wie Du willst, nur Dich als weiblicher Mensch dem Männlichen unterwerfen, das sollst Du dich nicht. Etwas sollst Du aber nie vergessen, wie Du dich kleidest, wie Du dich gibst, hat auf Männlein immer auch eine Wirkung. Es kommt immer darauf an, was Du mit deinem Benehmen und deinem Erscheinungsbild erreichen willst. Das deutet doch auch darauf hin, dass wir eben der passive Teil der Menschen sind. Also, wir greifen nicht nach seinem Organ um es mit Blut aufzuschwellen damit wir unsere Schamlippen darüber stülpen können. Um dann, solange an seinem Aufgeschwollenen unsere Schamlippen hin und her zu schieben, bis er seinen, von uns ach so begehrten, Samen in unsere Eingeweide abspritzt. Diese Art von Aktivität ist nicht unser Part in der Geschlechtsbeziehung. Unser Part in der Geschlechtsbeziehung ist doch ihn anzumachen. Er, der Arme, soll doch durch unsere äußere Erscheinung und durch unser Benehmen dazu gebracht werden unsere Interessen zu bedienen. Doch nicht so, wie uns vorgegaukelt wird, dass wir Alles auf uns nehmen sollen und ihn damit zu ködern versuchen. So quasi, also gleichsam, komm probier's doch, ich habe mein Geschlechtsorgan von der Herreninstitution zum Bumsen präparieren lassen. Du kannst dich in meinen bockproof Eingeweiden völlig gefahrlos ausrotzen. Es könnte doch sein, dass die Männlein das aus unserem Äußeren Erscheinungsbild herauslesen. Jedenfalls sind die lieben Männlein dafür bekannt, dass sie fast jede Gelegenheit für ihre, ja, liebe Gelena, ich weiß, die Emanzen haben bestimmt, es seien unsere weiblichen, Interessen wahrnehmen. Also, Bestimmt gibt es noch andere Gründe sich so oder so zu kleiden, aber ein Mann ist wohl kaum bereit ein Kleidchen zu tragen, und dann so wie wir den Busen betonen womöglich seinen Männlichkeit unter dem Kleidchen heraushängen lässt. Siehst du, das ist doch interessant, immer wir „aufgeklärten" Weibchen machen nach, was uns die Männer als die Linie vorgeben. Das könnte doch auch bedeuten, wir Frauen tun alles um die Frauen als Menschen überflüssig zu machen. Denn wenn wir dereinst voll emanzipiert sind und alles wie die Männer können, dann sind wir ja auch wie Männer. Also, Männer mit Schlitzen womöglich mit einem angeklebten Pissröhrchen. Vielleicht schenken uns die Männer noch Barthaare, damit wir uns auch zünftig, männlich rasieren können, wie schön. Das würden dann herrliche Zeiten für die Emanzen bedeuten. Sie wären dann Männlein mit V. Vielleicht ist das ein Traumwunsch dieser Emanzen. Frei nach dem Spruch, ER geht seinen Weg, damit soll natürlich der Mann als der Eroberer der Welt gesehen werden, könnten wir Weibchen sagen, SIE geht ihren Weg. Der Unterschied ist nur, SIE geht ihren

Weg zum Gynherrn. Da sitzt SIE dann im Vorraum zum Herrn der weiblichen Geschlechtsorgane unter Gleichgesinnten, oder -aufgeklärten. Sie alle, dicke, dünne, lange, kurze warten mit unterschiedlichsten Erwartungen und Gefühlen auf Einlass zum Herrn. Endlich ist es soweit, SIE sitzt vor dem Herrn über das weibliche Geschlecht, dem Herrn Gynäkologen. Da kann SIE jetzt über ihre Weibchenintimität dem Herrn die Intimbeichte ablegen. In dieser Beichte spricht SIE über ihre Intimität, über die SIE in dieser Offenheit sonst wohl kaum mit jemandem sprechen würde. Aber hier ist es etwas ganz Anderes, denn hier ist der Herr, der über uns Weibchen wacht. Nach dieser psychischen Beichte kommt die Physische. Jetzt heißt es freimachen, also jetzt schaut der Herr der Weiblichkeit sich alles an. Vielleicht denkt sie sich jetzt, es wäre doch vorteilhaft, wenn ich die Schamhaare vom, natürlich Herrn, Frisör in Fasson legen hätte lassen, ich müsste mich dann nicht so sehr schämen vor dem Herrn der Scham wegen der unordentlichen Schambehaarung. Der Vorgang, der Ausforschung der entblößten weiblichen Scham läuft Gutdünken des Herrn ab. Nach dieser intimen Sexualausforschung durch den Herrn bekommt SIE, wenn ER es für gut befindet die Absolution. So zieht SIE denn von hinnen mit vom Herrn geprüfter Vagina. Also, so geht das nicht, wir Frauen dürfen es nicht zulassen, dass wir von Emanzen, die womöglich von den Männern gesteuert werden, wegemanzipiert voll in die Männerwelt eingehen. Denn die Männer sind wahrscheinlich in der Lage eine Auswahl von Idealfrauen für ihre Bocksgelüste zu Klonen, also beliebig zu vervielfältigen. Diesen geben sie, die Männer, dann soviel Hirn, dass sie, die geklonten Idealfrauen, jedes Intimbedürfnis der Männer problemlos erfüllen. Das alles unterstützen wir Weibchen nach Kräften. Überlege doch einmal was wir Weibchen den Gyn-Männern alles dazu zur Verfügung stellen, nämlich unseren weiblichen Geist und unseren weiblichen Körper. Aber nicht nur so irgendwie oh nein schon voll und ganz, so wie es sich für einen Untermenschen geziemt. Wenn das so weitergeht, dann werden die Emanzen dereinst nicht mehr nur ein angeklebtes Schwänzlein haben, sondern ein richtig Gen-manipuliertes Schwänzlein ihr eigen nennen können. Ja, eben scheinbar wie richtige Männlein, aber in ihrem Innersten sind sie doch Weiblein. Im täglichen Leben aber sind sie dann vielleicht die Schwülchen. Weil sie sich in ihrem Innersten als Weibchen fühlen, nach außen aber Männlein sind. So fühlen die Gen-technisch manipulierten Dummchenemanzen zu Männlein hingezogen, und sind somit eigentlich weder Dies noch Das. Jetzt stell Dir, liebe Gelena einmal vor, wenn das immer weiter getrieben wird, was dann die Folge sein könnte. Ja, es wird nur noch künstliche Gen-Weibchen geben, und zwar solche, die für die Männlein zum geilen Gebrauch bestimmt sind, und solche, die den, natürlich nur männlichen Nachwuchs in die Welt setzen. Den eigentlichen weiblichen Menschen braucht es dann ja nicht mehr. Das weibliche Geschlecht ist dann nicht mehr Mensch, sondern ein Genmanipuliertes etwas, und zwar so, wie es die Männlein und die Emanzen wollen. Also, etwas Weibliches, was keinen eigenen weiblichen Willen hat, und somit pflegeleicht und zweckmäßig für die Bedürfnisse der Männlein funktioniert. Also, allzeit bereit für die Männergelüste, so wie wir in der Werbung dargestellt werden. Ja eben, runde, weibliche Körperkurven, viel nacktes Fleisch, einen wollüstigen Mund, womöglich noch den Finger drin, und einen geilen Dummchenausdruck im Gesicht. Ein geiles Dummchengesicht, das förmlich nach einem Bumschen, oder noch besser, einem Quiky lechtst. Das hätte dann etwas Gutes, denn dann gäbe es vielleicht keine oder weniger Sextouristen. Übrigens, gibt es für Sextourist auch eine weibliche Form? Dann könnten sie sich überall ihre geklonten Sexpüppchen kaufen, pflegeleicht und mit allen geilen Schändlichkeiten programmiert. Frauen nach unserem Verständnis werden gentechnisch abgeschafft. Es werden nur noch geklonte Dummbumschen, die zudem keinerlei Ansprüche stellen und alles machen was die Männlein wollen, erzeugt. Die Emanzen werden dann schon fast echte männliche Geschlechtsmerkmale haben. Sie können dann mit den echten Männern am Stammtisch saufen und grölen und über die, inzwischen weg gegenten Weiber blöde Witze erzählen. Da sie aber in ihrem Innersten doch noch Weibchen sind, benehmen sie sich halt eben mehr als Schwule. Sie haben dann also doch nicht so viel Spaß am Mannsein wie die echten Männer, aber sie können zumindest bei den göttlichen Männern mitmachen. Dann haben sie endlich die Befriedigung, dass keine Frau mehr eine unterdrückte Rolle zu spielen habe. Diese Rolle des

Lebens spielen dann die Klonchen. Ja, was für eine schöne Neue Welt, aber nur für die Männlein vielleicht noch für die Emanzen mit an gegentem Schwänzchen. Ja die Emanzen benehmen sich schon fast wie Männlein. Was uns noch fehlt, das werden die Emanzen schon noch auf den Weg bringen. Ziele und Interessen gleichen wir hochgebildeten, aber immer noch ein bisschen weibliche Menschen immer mehr dem wahren Menschen, also dem Männlein an. Nach ein paar Generationen sind die weiblichen Menschen sowieso weg emanzipiert. Die neuen Männlein, also gewesenen Emanzen, werden dann nur noch die Menschen, also Männleinvermehrung überwachen, und darüber wachen, dass nur ja nicht etwas Weibliches im Menschen hervorkommt. Das darf dann nur noch in der Klonchenzucht hervorkommen. Das sind dann aber dafür echte High-Sex-Superweibchen, für die echten Männlein. Die Emanzipierten ehemaligen Weibchen vergnügen sie sich in ihrer Sex-High-Tech-Freizeit dank ihrer immer noch unbewusst innewohnenden Weiblichkeit als Schwülchen. Und wir Mädchen und Frauen der Jetztzeit helfen, durch unsere Unterwürfigkeit unter die Männerinstitutionen, die alle unsere ureigensten weiblichen Sein-Angelegenheiten nach ihrem männlich-herrlichen Sinn manipulieren unter tatkräftiger Mithilfe der Emanzen, mit den weiblichen Lebenssinn auszumerzen. Wir machen die Söhne zu Herrlichen, die Mädchen werfen wir den Gynherren zur sexuellen Ausforschung und Entwürdigung vor. Die Unterwürfigkeit unter das Männliche wird uns so richtig zur Erkenntnis gemacht. Nur das Streben nach dem Männlichen, und unsere volle Arbeitskraft für die Männerwelt, ist für das Weibliche, Selbstverwirklichung. Die Emanzen wollen es nicht sehen, dass das Weibliche, das Erstrebenswerte für die Menschheit ist. Denn wir sind das Leben, nicht die Männlein. Die Männlein sind dazu da um uns zu unterstützen den weiblichen Weg zu gehen, und nicht wie die Emanzen uns einreden wollen, wir sollen uns im Männleinstreben Selbstverwirklichen. Wir sind das Leben, denn ohne Leben ist alles nichts. Daraus kannst Du ablesen, die Männlein sind uns verpflichtet, nicht wir ihnen. Das ist genug, schon lange genug, wir müssen endlich erwachen und unsere Angelegenheiten selbst in die Hände nehmen. Wir Frauen müssen den Männern zeigen, dass eine Weibliche Welt menschlicher und lebenswerter ist als diese technische und Hochgerüstete, die wir jetzt haben. Wir sollten uns nicht, sosehr nach den Zielen der Männer richten, wir müssen unseren eigenen weiblichen Weg zum tragen bringen. So sehe ich auch das Problem mit dem Berufsleben der Frau, es ist doch alles Männergeprägt. Durch dieses Emanzengehabe werten wir diese Männerwelt noch auf und das Frausein werten wir indirekt ab. Und wir Frauen glauben wir verwirklichen uns indem wir etwa eine Arbeit machen, die uns auch soviel einbringt, wie bei einem Manne. Das mag in manchen Fällen so sein, aber ich glaube das ist nicht das alleine entscheidende. Manchmal denke ich, die Arbeit ist ja sicher von Männern erfunden worden, wozu brauchen denn wir Frauen überhaupt so zu arbeiten wie dies die Männlein tun. Sie sollen für uns, also für das Leben arbeiten und nicht für die Zerstörung. Schau dich bloß um auf unserer Männerwelt, was haben die alles aufgebaut und wieder zerstört. Das sollen wir noch durch unseren Fleiß unterstützen. In der sogenannten dritten und vierten Welt ist es doch so, dass fast nur die Frauen arbeiten, das wollen die Emanzen in der sogenannten ersten Welt wahrscheinlich auch einführen. Die Männer missbrauchen für ihre Hobbys wie Kriege und Umweltzerstörungen unser aller Ressourcen, diese sollen sie, die Männer, so einsetzen, dass es sich erübrigt, dass wir arbeiten und uns immer mehr vermännlichen müssen. Eigentlich ist es doch unvorstellbar, was die, von den Emanzen so verherrlichten Männlein alles auf- und niedermachen. Manchmal kommt es mir so vor, dass die lieben Männlein diese Aktionen größtenteils darum setzen um uns zu imponieren. Sie wollen uns unbedingt zeigen wie gut sie sind, und wie wir auf sie, die Männlein, angewiesen seien. Denn stell dir nur vor, was würden wir tun ohne Schlachtschiffe ohne Kampfjet ohne Kanonen ohne Raketen ohne Giftgas, ohne Atombombe, was soll ich dir noch alles aufzählen. Sie, die so tüchtigen Männlein machen ja so vieles, was wir so „notwendig" brauchen, dass ich es gar nicht aufzählen kann. Eigentlich könnten wir aus ihrem Tun herauslesen, sie tun es für uns, denn sie prahlen ja immer damit welche Fortschritte sie gemacht hätten. Dass diese so hoch gelobten Fortschritte etwa so aussehen, die natürliche Befruchtung wird immer mehr zum fruchtlosen Lustakt, und die eigentliche Befruchtung wird von der Herrengyn künstlich durchgeführt. Also immer im Sinne des Fortschrittes, dabei gibt es immer weniger Kinder, dafür mehr Abtreibungen. Fortschritt ist also so zu verstehen, die weiblichen Menschen müssen sich immer mehr der Männerwelt anpassen. Leben und besonders neues Leben, das unsere Gesellschaft erhält, ist nur noch Nebensache, ja wird sogar als hinderlich für das moderne Leben erachtet. Wahrscheinlich läuft es darauf hinaus, Kinder werden in einer Institution von Männern künstlich gezeugt. Dafür gibt es eigens von Männern erzeugte Genfrauen, die das von Männern künstlich gezeugte Kind dann automatenhaft austragen, und dann von den Herren vom künstlich gezeugten Kinde entbunden wird. Also die eigentliche Befruchtung dient nur noch der sexuellen Befriedigung, natürlich der Männer. Die Kinder verkommen zur Nebensache, die von Institution zu Institution verschoben werden, und vielleicht manchmal noch von den Geneltern besucht werden. Das ist dann die schöne neue Welt, in der die Männer ihre Spiele, Krieg und Frieden spielen können. Wir weiblichen Menschen unterstützen mit unserem Fleiße und unserem Gehorsam, den man uns ganz jung auf dem Stuhl der Herrengyn eingeimpft hat. die Männlein dabei. Wir sollten sie so steuern, dass sie danach streben das zu tun und zu machen was wir brauchen und wollen. Denn eine Frau, die ihren Mann motiviert, das zu tun, was dem Leben hilft, gesunden und glücklichen Nachwuchs zu haben die ganze Familie dabei glücklich ist, diese Frau versteht was weibliche Selbstverwirklichung ist. Denn jene Frauen, welche zuerst ihren Apparat, solche und ähnlich abwertende

Ausdrücke sind leider nicht so selten, der Männerwelt feilhalten und mit der Zeit immer mehr merken, dass sie eigentlich allmählich zum Apparat für die Befriedigung verkommen. Sich auf dem Schamstuhl der Herren ausbreiten und so die Übermacht der Männer stärken und den Frauen von allem Anfange an klar macht wer beim weiblichen Geschlechte das Sagen hat, pochen dann womöglich auf die sogenannte Gleichberechtigung. Da scheint mir einfach, wir geben unsere geschlechtlichen Möglichkeiten viel zu billig hin. Unseren eigentlichen Wert, für die ganze menschliche Gesellschaft erkennen wir wahrscheinlich zu wenig, oder zu spät. Hier sehe ich einfach, unser Selbstwertgefühl, unser Selbstbewusstsein, dem Männlichen gegenüber wird uns schon in der Kindheit genommen. Wir werden doch immer mehr gedrängt, das männliche als das wahre im Leben zu akzeptieren. Denn alles was scheinbar wichtig ist wird von Männern betrieben, selbst unsere weibliche Intimität wird wie selbstverständlich von einer Männerinstitution kontrolliert. Das könnte man ja geradezu als Bestätigung dafür ansehen, dass der Mann der gescheitere Mensch ist, denn die, na rate mal. Oder sie glauben wirklich, was die Emanzen ihnen einreden, möglichst früh den Geschlechtspartner sorglos bumsen lassen sei Selbstverwirklichung des Mädchens, oder auch der Frau. Das ist Selbstverwirklichung für die Männlein, niemals für das Mädchen. Für sie ist das eine Unterwerfung unter die Männergesellschaft und deren Lustbefriedigung auf unsere Kosten. Liebe und Lust ist doch nicht dasselbe, aber es wird manchmal fast so geredet als stünde die Lust über der Liebe. Für den Mann ist es vielleicht so, für uns Frauen ist doch Liebe mehr denn nur Lustbefriedigung für uns ist Liebe und Lust wie ein Gesamtkunstwerk, also ein Erleben das zusammengehört. Manchmal kommt mir vor, uns will man einreden, wir sollen die Lust auch männlich erleben. Also ein Bumschen auf die Schnelle, ist das wirklich das was wir wollen, oder versuchen wir nach Art der Männer, auf die Schnelle zu akten. Also wir spalten das Gesamtkunstwerk Liebeslust, und nehmen, weil das scheinbar männlich ist, nur die Lust. Die Liebe ist etwas, das in der Literatur und der Geschichte herumgeistert und eben weiblich, also nicht mehr zeitgemäß. Das ist in der jetzigen Zeit nicht opportun Weiblichsein ist Nebensache, Männlichsein ist heutzutage die große Masche. Wir sollten uns nichts vormachen, für den Mann hat der Akt eine andere Bedeutung als für uns. Dabei müssen wir uns doch auch vergegenwärtigen, was wir alles auf uns nehmen, um für die Akter gefahrlos benutzbar zu sein. Die Emanzen reden uns also ständig ein, wir sollen uns möglichst früh den Männlein hingeben, das sei Selbstverwirklichung, und berauben uns dadurch der Möglichkeit unsere Macht über die Männlein zu entwickeln. Anstatt uns zu helfen die Männlein mehr nach unseren Zielen zu lenken, animieren sie uns ständig für die Ziele der Männlein. Was Männer alles unternehmen, um Eine für ihre Interessen zu erobern, das ist für uns gar nicht nachvollziehbar. Dabei glaube ich, dass diese Mädchen oder Frauen es eben nicht verstehen ihren Freund oder Mann, wie immer Du eine Geschlechtsbeziehung sehen willst, so zu behandeln, dass er ihnen bleibt. Sie lehrt man ja nicht wirklich wie damit umzugehen, denn kaum entwickelt gibt der Herr ihnen die Pille, und die so präparierten glauben am Anfang einer Beziehung die fruchtlose Befruchtung sei die große Liebe. Daran sehe ich auch, dass wir Weibchen gar nicht erkennen was Frau sein eigentlich ist. Grundsätzlich würde ich sagen, Frau sein ist Lebensbejahung. Denn ich sehe darin die Selbstverwirklichung der Frau. Den Männern nacheifern sehe ich geradezu als das Gegenteil. Das führt uns geradezu in eine nicht lebensgerechte Rolle. Denn überlege doch einmal, wieso ist für uns die Selbstverwirklichung die Anpassung an die Männerwelt. Da ist doch etwas faul, das Weibliche das Lebensbejahende ist doch das wahre Leben. Warum sollen wir den Männlein in ihrem die Welt ständig umzukrempeln und lebensfeindlicher zu machen noch Handlanger spielen. Die Weibchen, die unbedingt nach Männleinart arbeiten und leben wollen, sollen das tun, denn ich denke, diese sind entweder nicht fähig, oder nicht gewillt sich einen Mann zu halten, der das für sie macht. Weißt Du, liebe Gelena, können ist im Sinne von Fähigsein für uns nicht das Problem. Wir können so ziemlich alles was die Männlein können, aber ist das unser Interesse das zu tun, was die Männlein, wenn sie von uns richtig gesteuert werden, gerne für uns tun. Dazu müssen wir uns erst einmal unserer Macht, die wir als weibliche Menschen haben erst bewusst werden. Einen Mann, der das gerne für uns tut und uns alles bringt und schafft was wir brauchen, das sollte unser Streben sein. Er sollte sich von uns als ebenso abhängig empfinden, wie die Emanzen uns einreden, wir seien von den Männlein abhängig. Abhängig sind Alle, denn ob ich als arbeitende Frau von einem Chef oder eben einer Chefin abhängig bin, oder vom Manne, der ja auch seinerseits abhängig ist. Ja, ja ich weiß schon, liebe Gelena, Du lebst natürlich in der Vorstellung, eine Frau ist natürlich selbst Chefin. Eben, so ist es, es gibt nur noch Chefinnen und Abhängige, eben ihnen untergeordnete Männlein. Wo wohl lebst Du denn, liebe Gelena, diesen Gedanken kann ich nicht folgen. Weißt Du, ich denke so, bei mir bekommt er Alles was eine Frau einem Manne bieten kann. Natürlich in angemessenen Dosen, damit er nicht Überhand bekommt. Er muss nur dafür sorgen, dass auch ich alles bekomme, was ich brauche. Dann bekommt er von mir, soviel von dem was ein Mann sich von einer Frau erwartet in angemessenen Dosen, dass er mich gerne mit seiner Männlichkeit verwöhnt. Für ihn, der voll zu mit steht spiele ich alle Register der Verführerin, auch diejenigen, die man nicht ausspricht. Das mache ich voll, so dass sein letzter Sexualmuskel erzittert. Denn in Wahrheit sind die Männlein viel mehr, vor allem dringender auf unsere Sexualität angewiesen, als wir auf sie. Aber wir werden leider nicht so aufgeklärt, daher läuft es immer wieder nach dem Urschema ab. Da sind wir dann enttäuscht, weil es doch nicht so ist, wie wir es uns erträumt hatten. Da werden wir in der Beziehung launisch und vielleicht sogar emanzipiert, weil wir nichts besseres wissen, und glauben so, ihm die Enttäuschung heimzuzahlen. Dabei liegt es doch sicher nur daran, weil wir nach biologischen, emanzipatorischen, frauenrechtlichen und gynmannologischen Gesichtspunkten aufgeklärt wurden. Nur nicht nach den Gesichtspunkten der echten Frauen. Nämlich über das Geschehen im Hintergrund der Beziehung zwischen Männlein und Weiblein. Das hieße eben nach dem Motto, wie setze ich den Mann ein, damit ich die Frauenwelt verwirklichen kann. Anstatt unser Augenmerk darauf zu richten, strengen wir Hochgebildeten uns immer mehr an, uns an die Männleinwelt anzubiedern. Fast kommt mir vor, solche Weibchen merken unbewusst, dass sie nicht in der Lage sind eine Beziehung zu ihren Gunsten zu steuern und spielen halt auf sittsam. Also, sie erwecken in der Beziehung eine Art, die dem Freund oder Mann zeigen soll, ich bin nicht so eine mit der man alles machen kann. Dann ist es aber schon lange gelaufen, denn ein Mann sucht sich dann halt wieder eine Dumme, und sie kann sehen, wo sie bleibt. Aber beim Gyn-Herrn unterwerfen sie sich womöglich umso mehr. Es soll ja Männer geben, die merken unterschwellig, dass sie sich beim Gyn-Herrn geistig und körperlich völlig ausnehmen lässt, und in der eigentlichen Beziehung pochen sie dann immer stärker auf ihre Rechte und spielen auf Verweigerung. Damit aber verstärken diese nur die Irritation des echt liebenden Mannes. Sie stempeln den Mann zum Unterdrücker, dabei erkennen sie oftmals nicht, dass sie mit ihrer Emanzipiertheit viel zu spät dran sind. Genau diese Frauen haben als Mädchen geträumt, sie seien sowieso gleichberechtigt, bis sie auf dem Stuhl der Herrengyn erkennen mussten, dass es einfach nicht so ist. Denn mit der Pille im Bauch, die als Befreiung für uns Weibchen angepriesen wird, glauben wir, jetzt sind wir frei und können sexuell tun und lassen was wir wollen. Wir merken nicht dass wir uns den Männerinteressen unterwerfen. Denn wir sollten uns einmal genauer überlegen wer denn durch die Pille die Freiheit gewonnen hat. Nachdem sie merken, dass sie vorwiegend nur die Pudermaschine für ihre Männer, oder eben Freunde, Partner, das klingt wie eine Geschäftsbeziehung im Erwerbsleben, sind, pusten sie sich auf etwa wie, wenn schon, dann packe ich dich, nicht Du mich. Also erst wenn wir die Dummbumschenzeit überstanden haben, die uns die Frauenrechtlerinnen eingeredet haben, dann besinnen wir uns, dass es noch so etwas wie Menschenwürde auch für die Frau gibt. Aber bis dann sind wir für die Männerwelt schon nicht mehr so interessant. Denn derweil ist der weibliche Nachwuchs, noch unerfahren, aber von der Männerinstitution schon präpariert in den Fängen der Männerinteressen. Diese befassen sich dann schon mit der neuen, nach Vorgabe der Emanzen und Gynherrn heran gezüchteten Frauengeneration., um sie artgerecht für ihre Bedürfnisse zu benutzen. So wird es immer weiter getragen, Frausein bedeutet sich der Herrengyn zu prostituieren, nach Emanzenart sich den Männlein anpassen und Frausein als antiquiert, oder rückständig zu erachten. Von den Emanzen und Frauenorganisationen werden wir geradezu gezwungen Männlein zu kopieren, und das Frausein den Männern zu unterwerfen. Denn die Emanzen haben es der heranwachsenden weiblichen Jugend vorgemacht, in welcher Stellung sie zum Gyn- Mann watscheln müssen. Ja eben mit sauber gewaschener, nackter Scham, dass sie nicht noch sagen, auf allen Vieren, am besten auf dem Rücken, die Beine voraus und weit auseinander. Ungefähr so in der für einen geschlechtlichen Menschen beschämendsten Weise, die vorstellbar ist, benehmen wir uns in der Herreninstitution. Nicht nur das, denn für die kommenden Frauen, also jetzigen weiblichen Kindern und Jugendlichen geben wir ein beschämend menschenunwürdiges Vorbild für Unterwürfigkeit der weiblichen Menschheit unter den Herrn. Also eben Herrenmenschen und Frauenmenschen. Als ganz junge Mädchen glauben wir, unsere Intimität gehört uns. Aber mit der Zeit müssen wir erkennen, wir haben kein Recht auf unsere unversehrte weibliche Intimität, diese ist Sache der Herrenmenschen. Wir sind den Herrenmenschen, den mit unserer weiblichen Intimität völlig ausgeliefert. Weißt Du, liebe Gelena, unsere Geschlechtsorgane, also unser ganzes Weib-Mensch-Sein ist Sache der gynäkologischen Herrenmenschen. Wir weiblichen Wesen sind von dieser Herreninstitution scheinbar vollkommen abhängig. Wie dankbar müssen wir Weibchen doch sein, dass es diese, ich möchte fast sagen, herrlichen Gynherren gibt. Wer sonst wohl würde sich unserer hilflosen Weiblichkeit annehmen. Ja, liebe Gelena, wie herrlich, die herrlichen Herren unserer weiblichen Geschlechtsorgane, welch ein Segen für uns Damen, wie dämlich stünden wir ohne diese Herren da. Also ich muss dir, liebe Gelena, schon sagen, so naiv sind wir weiblichen Menschen von Haus aus überhaupt nicht. So machen uns doch nur die Emanzen und alle anderen Herrengyn Gläubigen in unserer Umgebung. Also all jene, welche für uns Vorbildcharakter haben, und das von ganz klein an. Da müssen wir beginnen, nämlich schon die kleinsten Mädchen müssen ganz bewusst vor dieser Mann Institution geschützt werden. Dies ist doch eine Kinderschändung, oder sagen wir es doch offen, eine Mädchenschändung durch Männer. Denn Kinderschänder ist mir zu allgemein, weil doch der größte Teil der sexuell Geschändeten weiblichen Geschlechts sind. Und was ganz besonders augenfällig ist, die Kinderschänder sind fast nur Männer. Und wenn eine Herrenistitution ein weibliches Kind geistig und körperlich im Intimbereich so ausnimmt, wie es in der Herrengynäkologie geschieht, so sehe ich darin eine sexuelle Mädchenschändung durch Männer. Und hier beginnt auch in meinen Augen die Unterwerfung der Frau unter die Herren der Gynäkologie, und somit unter die Männer allgemein. Die Emanzen und anderen unterwürfig-naiven Frauen können sich ja ihren weiblichen unbefriedigten Intimfrust von den herrlichen Gynherren ausforschen, ausfragen, ausgaffen und ausgreifen lassen. Aber niemals auf Kosten der kommenden Frauengeneration, also der jetzigen weiblichen Kinder und Jugendlichen. Und auch nicht auf Kosten all jener Mädchen und Frauen, die sich ihrer Menschenwürde als weiblicher Mensch bewusst sind. Die sich als Menschen verstehen, die nicht vom Männlichen abhängig sind. Sondern erkennen, dass es eigentlich klar sichtbar ist, die Männer sind von uns abhängig. Es kann doch nicht sein, dass wir schon so degeneriert sind und unser Menschsein gespaltet haben, nämlich in eine offizielle Moral, und in eine Scheinmoral. Also, im ganzen Lebensbereich unserer Gesellschaft wird unsere Intimität selbstverständlich geachtet. Nur in der Männerinstitution Gynäkologie sind wir auf einmal nur noch eine Art sexuelle Ware von Männern. Da verlieren wir alles, was unsere weibliche Intimität und Menschenwürde dem anderen, männlichen, Geschlechte gegenüber bedeutet. Da sind wir vor den Gyn-Herren reduziert auf Busen und Vagina, und unser Hirn ist nur noch in dem Bereich aktiv, der uns befähigt den Herren Gynäkologen unsere gesamte Weibchenintimität geistig auszubreiten. Also, wir tun alles was der Herr will und zwar so wie es nur ein unterworfener ein abhängiger, oder sollte ich sagen wie ein durch Angst erpressbar geschlechtlicher Mensch es tut. Denn durch die Angst und den unterschwelligen Druck in unserer Männlein und Emanzengesellschaft sich die weibliche Intimsphäre kontrollieren zu lassen, entledigen wir uns völlig der intimsten Menschenwürde dem anderen Geschlechte gegenüber. Es ist doch nicht möglich, dass bei uns Weibchen die Menschenwürde und Intimität dem anderen Geschlechte gegenüber teilbar ist. Es ist doch nicht zu fassen wie zwiespältig unsere weibliche Menschenwürde, unsere Intimität, von der Gesellschaft gehandhabt wird. Einerseits wird ein falsch verstandener Blick eines Mannes, oder gar eine scheinbar zweideutige Berührung an einer weiblichen Person schon wie ein Schwerverbrechen beurteilt. Andererseits sind wir Männern, mit

Billigung der Emanzengesellschaft, völlig ausgeliefert. Da könnte man ja herauslesen, wir werden schizophren erzogen. Eben es solle einer nur wagen etwas zu tun das, wenn auch nur andeutungsweise als sexuelle Handlung gedeutet werden könnte, der wäre fällig. Aber beim Gyn-Herrn und seinen Mannen, da ist alles auf einmal up side down.

Etwas dümmeres als wir in der Mann-gynmed machen könnte ich mir schon noch vorstellen. So könnten die Emanzen etwa einführen, dass zu bestimmten Anlässen, etwa bei Sportiventen der Männer, alle Weibchen einer bestimmten Altersgruppe sich in Reih und Glied auf eigens dafür geschaffenen V. Gaff- und Greifgestellen der Männerwelt präsentieren. Das natürlich unter Fachmännischer Leitung von V.-Fachmännern, oder vulgär Gynäkologen. Ja, da könnten dann die Männlein einer ganzen Stadt bequem die Weibchen von unten und oben, von hinten und vorne begaffen. Dabei müssten wir Weibchen natürlich die dümmsten Intimfragen der Männlein wahrheitsgemäß beantworten. Denn die Herren Gynäkologen, von denen wir so pflegeleicht für die Herren aufgeklärten sowieso abhängig sind, kontrollieren uns dabei. Ja das, liebe Gelena, das wäre noch blöder als das, was wir im Gynherrnologenkreis sowieso tun, wir ach so gescheiten, gebildeten und emanzipierten Modernweibchen. Das darf es einfach nicht geben, dass wir zu solchen Bock-approfed-Nutzweibchen verkommen. Liebe Gelena, Du sagst das sei gemein, wie ich das sage. Gewiss, es ist gemein,

96

aber die Wirklichkeit ist doch so, dass wir uns von der Männerriege alles gefallen lassen müssen. Die ganze so hochgebildete Gesellschaft unterstützt es, dass wir von einer Männerinstitution institutionalisiert schon als Kinder unserer weiblichen Intimität beraubt und so gedemütigt werden. Und diese Wirklichkeit ist nach meinem Verständnis noch gemeiner als das, was ich zu dir gesagt habe. Vielleicht könnte man das damit vergleichen, als wie wenn in einem Film oder Roman ein Verbrechen geschieht. Da geht man darüber hinweg, weil man ja weiß, das ist nicht die Wirklichkeit. Bei einem echten Verbrechen, das wir miterleben müssten wäre das doch völlig anders. Das können wir uns doch gar nicht vorstellen. Aber was mit Mädchen und Frauen in der Männerinstitution passiert, das ist harte Wirklichkeit, die täglich an Mädchen und Frauen geschieht. Das ist nicht wie in einem Sexfilm, indem das für die Frauen ein Geschäft ist. Hier ist es eine ganz böse Unterwerfung unter das Männerdiktat aus dem es für den weiblichen Menschen praktisch kein entrinnen gibt. Die Art der Aufklärung, die uns zuteil wird, ist doch so angelegt, dass alles für die Männlein läuft. Mit der Zeit bemerken und fühlen wir wohl, dass wir an der Nase herumgeführt werden, bis dahin ist es aber schon gelaufen. Zuerst glauben wir es muss halt so sein, wir überwinden unsere echten Bedenken und Gefühle, weil wir etwas anderes uns gar nicht vorstellen können. So sind wir denn zu Recht überrumpelt und enttäuscht ob dem was uns in dieser Männerinstitution geschieht.
Das gehört alles zum System, die Frauen und

Mädchen davon abzubringen ihren wahren Wert für die Männer zu erkennen, und zu ihrem, der weiblichen Menschen, einzusetzen. Dann sitzen sie, die in ihrer Liebesbeziehung gescheitert sind, als Aalleinerziehende Mütter auf der Schmollbank und sehen ihre Felle, von denen sie als Mädchen geträumt hatten davon schwimmen. Da vielleicht merken sie, Bumsen ist nicht gleich Liebe, so wie es die Aufklärung einredet will. Dann versuchen sie sich vielleicht als Frauenrechtlerinnen und verunglimpfen die böse Männerwelt, und merken nicht, dass sie auf dem Bockstuhl, den sie ja nach wie vor in aller Naivität besteigen, genau diese Männerwelt wieder huldigen. Da liegen die sogenannten anständigen und seriösen Frauen dann auf dem Rücken mit offenen Schenkeln und entblößter Scham. Da beten sie dann mit ihren nackten Schamlippen den vor ihnen mit dem Kopf zwischen den offenen Schenkel sitzenden Herren an. Ich möchte ja nicht annehmen, dass sie diesen Bocksstuhl als ihren Ersatz benützen um ihren Unterwerfungstrieb unter das männliche zu befriedigen, auf dem sie sozusagen institutionalisiert ihren weiblichen Intimfrust von Männern abreagieren lassen können. Sollen sie doch, aber nicht so, dass es den Anschein hat, das ist etwas für Frauen und Mädchen notwendiges sich auf dem Bocksstuhl vor Böcken zu prostituieren. Denn gerade diesen Eindruck vermitteln sie, die sogenannten Emanzen oder Frauenrechtlerinnen, wenn sie diesen entwürdigenden Stuhlgang noch geradezu empfehlen. Ganz besonders die sogenannten gebildeten Frauen sind eigentlich verbildet, nämlich gebildet im Sinne der Männer, diese Verbildeten biedern sich mit geöffneten Schenkeln und frisch gewaschenen und parfümierten Schamlippen den Gyn-Herren auf dem heißen Beichtstuhl der heutigen Inquisition geradezu an. Also, damit meine ich, wir sind so gebildet, dass wir wissen, es obliegt den Männern alles was mit unserer Weiblichkeit zu tun hat, zu kontrollieren. Wie gebildet wir Weibchen doch sind, es ist für uns zum heulen, für die Männer zum lachen. Denn wie heißt es doch so schön, wenn Du früh genug gehst, dann kann ER dir bestimmt helfen, denn er, der Herr sieht und weiß alles, du musst nur seinen Anordnungen folgen, und wir Dummchen befolgen diese brav. Du sollst wissen, wir Mädchen und Frauen haben alle Fähigkeiten, die einen Menschen mit Menschenwürde ausmachen, aber die weibliche Intimsphäre, ob geistig oder körperlich, ist bitteschön eine Angelegenheit, die wir, die Prüderie und Verbildung lässt grüßen, den Herrenmenschen überlassen. Wir können all das selbst und erst noch viel besser. Aber die Männlein und Emanzen wollen es nicht zulassen, dass wir von ihnen unabhängig werden. Weißt Du, die Emanzen sehe ich ein wenig eine Art von Männlein mit weiblichen Geschlechtsorganen, die eigentlich nicht recht wissen was eine richtige Frau ausmacht. Also, weder noch und diese nehmen wir für voll und nehmen an ihnen noch Maß.

Ja liebe Gelena, wir funktionieren wie Puppen am Schnürchen, und die Gyn-Herren erfinden immer wieder ein neues Risiko für unser Geschlecht. Also, immer neue Schnürchen, langsam Sind wir schon ganz eingeschnürt, ja ich möchte fast sagen von den ach so hilfreichen Herren gefesselt. Was ist das doch für eine Verkehrung der Situation, anstatt uns von Angst und Sorgen um unsere Weibliche Gesundheit zu befreien, werden wir immer mehr verunsichert, ja ich muss schon sagen in die Enge getrieben und verängstigt. Das ist doch Mache der Männer um ihre Macht über das weibliche Geschlecht zu festigen. Denn wir Haben X und aber X Jahrtausende unter schrecklichsten Lebensbedingungen ohne Gynherren überdauert. Jetzt aber auf einmal, wo wir alles für ein gesundes Leben hätten, brauchen wir Gynherren, die uns sagen was wir Weibchen zu tun haben. Das gibt es doch nicht, wir sind doch selbst Menschen mit Hirn. Es könnte aber ja auch sein, dass die Frauenrechtlerinnen sich von den Gynherren behandeln lassen, um ihren weiblichen Unterordnungstrieb, den sie ja verleugnen möchten, ganz legal zu befriedigen. Es gibt vielleicht noch andere Erklärungen dafür, aber das ist halt Eine davon. Oder denken sie, Männer gehen ja auch ins Freudenhaus um ihren Intimfrust abzureagieren. Also können wir Emanzen auch zum Gynherrn gehen. Männer gehen vielleicht, weil die Frau zuhause auf Gleichberechtigung geschaltet hat, und sich nicht mehr für so was hergibt. Jedoch es könnte ja auch sein, dass er aus Rache dafür, weil sie sich dem Gynherrn sexuell vollkommen ausbreitet und eben ihr Geliebter oder Mann sich dadurch gehörnt fühlt. Eigentlich hat er doch recht, wenn seine Freundin oder Frau sich ihrer Rolle als Geliebte oder Frau nicht bewusst ist und auf Emanze schaltet. Da wundert es mich nicht, wenn Männer es überall

versuchen. Er denkt sich vielleicht, sie lässt sich von einem Anderen vollkommen ausnehmen, also ist sie sowieso nicht das wert, was ich früher dachte. Denn wie kann sich denn ein geschlechtlicher Mensch, und das sind wir Weibchen doch, mehr dem anderen Geschlecht unterwerfen, als dass das Weibliche sich vor das Männliche hinlegt und dem Männlichen das nackte weibliche Geschlecht ins Gesicht streckt, damit dieses darauf spucken kann. Genau betrachtet muss sich das Weibchen noch geistig mit ihrem Intimgefühl vor dem Herrn völlig prostituieren. Du sagst das ist infam, aber das tun wir Weibchen doch mehr oder weniger alle. Sie animieren die heranwachsenden Frauen, also die Mädchen, dazu sich ebenfalls in der Männerinstitution zu prostituieren. Ja wir brauchen nicht über jene Betweiblein früherer Zeiten die Nase zu rümpfen, die im Beichtstuhl ihre Sünden dem Stellvertreter Gottes auf Erden gebeichtet haben. Denn wir, ach so modernen Frauen und Mädchen beichten noch viel vollkommener vor den pseudo- Stellvertretern Gottes auf Erden auf ihrem Thron. Anschließend besteigen wir deren Richtstuhl und unterwerfen uns mit offenen Schenkeln und nackter, sauber gewaschener Scham der vollkommenen Herreninquisition.
Liebe Gelena!
Die Zeit der Hexenverfolgungen scheint mir für uns Frauen besonders prägende Folgen gehabt zu haben. Hexen müssen vorwiegend weibliche Menschengestalten gewesen sein. Ganz besonders waren es Kräuterweiblein und Hebammen, denen besondere Fähigkeiten nachgesagt wurden. Diese

Frauen hatten ein Wissen, das den damaligen Mächtigen nicht in den Kram passte. Sie spürten und erkannten, dass die Frauen immer mehr eine Menschengerechte und ausgeglichene Stellung in der Gesellschaft erreichten. So hatten jene Frauen, also Kräuterweiblein und Hebammen, alles was mit der weiblichen Intimsphäre, somit auch was mit Schwangerschaft zu tun hatte, fest in ihrer Hand. Die Männer hatten nicht das große Sagen, so wie das heutzutage Mode ist. Sie waren die Liebhaber, Zeuger und Ernährer. Die weibliche Periode, Schwangerschaft und Geburt wurde von eben von jenen, heute so abschätzig betitelten Kräuterweiblein, behandelt, wenn es Probleme gab. Zu jener Zeit war auch nicht das Technische maßgebend, es wurden viele über Generationen von Frauen gesammelte Erfahrungen für die Lösung der Frauenprobleme eingesetzt. Außerdem wussten die Mädchen und Frauen über sich selbst viel besser Bescheid, sie konnten noch in ihren Körper sozusagen hinein hören, etwas was wir heute schon lange nicht mehr können. Wir werden vom Herrn Gynäkologen in allen Belangen der Weiblichkeit dirigiert. Und genau das, sehe ich als das Ergebnis der besonders für uns Frauen so nachhaltig wirkende Hexenverfolgungen an. Denn eben jenes Wissen und die Erfahrungen, die in unzähligen Jahrhunderten gesammelt und weitergegeben wurden, sind durch die damaligen Machthaber, Männer, vernichtet worden. Natürlich wurden auch Hexer, also Männer verfolgt, aber das waren verhältnismäßig wenige, gemessen an der Anzahl der weiblichen Hexen. Mittels Folter in der Inquisition verschafften sich die Machthaber Zugang zur Psyche und zum Körper der Frau, wie es das noch nie gegeben hatte. So konnten sie sich Strategien zurechtlegen um die Frauen aus den Machtzentren der Männer auszuschalten. Durch die Hexenverfolgung wurden die Frauen jenes Wissens beraubt, welches ihnen die Möglichkeiten und die Macht gab ihre Angelegenheiten selbst zu regeln, und ihre weiblichen Interessen besser durchzusetzen. Das Wissen hatten jetzt die Machthaber, damit wurde die Frau als Unwissende dem wissenden Manne unterworfen. Diese Situation haben wir in unserer Hochzivilisation in der Herrengynäkologie. Der weibliche Mensch braucht den Herrn, weil das Weibchen nicht das Wissen und die Fähigkeiten hat, um über ihre Intimität selbst zu bestimmen. Traurig, traurig, weit haben wir Frauen es gebracht. Anzunehmen ist auch, dass die Mächtigen die Intrigen für ihre gemeinen Interessen schürten, um so unbequeme Männer, als Hexer zu brandmarken und so auszuschalten. Denn diese Vorgänge wurden kaum von allen Männern gutgeheißen. Ein wahrscheinlich nicht so kleiner Teil der Hexenverfolgung diente der perversen Sexualbefriedigung der Verfolger. Verfolgerin habe ich in diesem Zusammenhang noch nie gehört, höchstens Denunziantin, um eine unliebsame Konkurrentin auszuschalten, das gab es bestimmt auch. Es ist schon interessant, dass die scheußlichsten sexuellen Gemeinheiten, die an oft noch sehr jungen Mädchen, „Hexen" verübt, wurden in den einschlägigen Schriften so verharmlost werden. Denn die Büttel, Folterer und Richter waren ja allesamt Männer, und diese bedauernswerten Mädchen und Frauen waren Diesen vollkommen ausgeliefert. Jene Mädchen und Frauen mit ihren von den Folterknechten geschundenen Körpern waren gezwungen mit erfundenen ausschweifenden Geständnissen ein wenig Hoffnung auf Schonung durch ihre Folterknechte zu erreichen. Denn die Befrager wollten wahrscheinlich ihre eigene ausschweifend geile Phantasie durch das weibliche Wesen, das ja die Verkörperung ihrer Phantasien darstellte, noch bestätigen lassen. Durch scheußliche Marterungen zwangen diese Folterböcke die gemarterten Mädchen und Frauen zu immer ausschweifenderen „Geständnissen". Diese „Geständnisse" hatten keinerlei Bezug zur Wahrheit, diese waren reine mit glühenden Zangen an den Genitalien der Geschundenen erzeugte Phantasien der Folterer. Alle diese Männer, die im Dunstkreis der Folterungen sich befanden konnten so sich selbst, als nicht so schlecht bestätigen lassen, denn durch die „Geständnisse hatten sie ja den Beweis, dass die „Hexen" noch viel verdorbener waren als sie, die Inquisitoren, also die Männer. Der Teufel ist ja männlich, und die Frauen wollen in der Phantasie der Inquisitoren nichts anderes als beim Hexensabbat den Belzebuben mit allen Mitteln der weiblichen Lust versuchen. Denn so wird unterschwellig der männliche Teufel ja als ein Opfer der weiblichen Hexe gesehen. Was wurde jenen bedauernswerten Frauen und Mädchen, die als Hexen gebrandmarkt wurden, nicht alles angetan. Dabei waren sie doch völlig unschuldig, sie hatten kein Verhältnis mit dem Teufel oder sonst irgendwie übernatürliche Kräfte. Wahrscheinlich waren oft genug gerade jene Männer, welche die jeweiligen Mädchen und Frauen zur Unzucht zwangen die wahren Teufel. Und waren die Mädchen und Frauen diesen wahren Teufeln nicht gefügig oder sonst wie nicht mehr genehm, wurden diese einfach der Inquisition als Hexen angezeigt. Welch ein schreckliches Schicksal, ein Mädchen ist einem Mächtigen nicht gefügig und ergibt sich nicht in sein wollüstiges Verlangen, dann wird sie erst recht den grausamen und auch wollüstigen Folterknechten mit Leib und Seele ausgeliefert. Nachher kann der wahre Teufel, der das ja alles verursacht hat genüsslich zusehen wie die, die ihn verschmäht hat mit zerstörter Seele und geschundenem Körper am Pfahl womöglich noch lebend verbrannt wird. Die Schreie und Wehklagen dieser unschuldigen Opfer männlicher Begierde waren, das ist überliefert, schrecklich. Diese Verbrennungen fanden in der Öffentlichkeit vor großem Publikum statt. Wer weiß schon wie viele Geschlechtsgenossinnen jener Verbrennenden und wehklagenden, voller Angst waren ihnen möge das nicht passieren, und ließen, wenn der Teufel, eben ein entsprechend mächtiger Herr, erschien alles geschehen und taten wie er ihnen redete. Ja, das waren schreckliche Zeiten für das weibliche Geschlecht, und nur langsam verbesserte sich diese Verfolgungszeit. Nur wenn ich mir die ganze Entwicklung für uns weiblichen Menschen jetzt ansehe, dann wird mir eigentlich immer mehr bewusst, so gut sind die Zeiten für uns überhaupt nicht geworden. Mir scheint es vielmehr so, dass man uns weiblichen Menschen eine

Hirnwäsche verpasst hat, die sich gewaschen hat.
Wir weiblichen Menschen sind doch auch heute
noch von Kindesbeinen an einer Männerinstitution
mit Haut und Haar, also mit unserer geistigen und
körperlichen Intimität unterworfen.
Liebe Gelena!
Wie ist es denn mit uns so sehr aufgeklärten
Weibchen, wie sind wir denn aufgeklärt. Da wird
doch in der Schule etwas gefaselt von Biologie,
und das womöglich noch von einem HERRN
Lehrer, als ob wir das nicht alles schon wüssten.
Aber unsere Rolle als Mensch vom weiblichen
Geschlecht, die wird uns doch überhaupt nicht
bewusst gemacht. Das ist auch kein Wunder wo
doch die ganze Aufklärung in den Händen von
Männern und Emanzen liegt. Aber auch in den
Händen jener Emanzen, die uns vorgaukeln, sie
wären akademisch erhöht über der Sexualität.
Liebe Gelena! Gerade jene Vorkommnisse
erinnern mich stark an das, was uns Weibchen
jetzt widerfährt. Denke doch wie sehr wir unter
Druck stehen unsere weibliche Intimität von
Männern, die unseren Verstand pervertiert haben,
kontrollieren zu lassen. Damit meine ich, wir
Weibchen stehen doch genauso unter einem
Zwang uns Männern völlig auszuliefern. Wir
müssen uns von einer Institution der totalen
Inquisition durch Männer unterwerfen. Und diese
Institution nennt die Öffentlichkeit Gynäkologie,
und das ist, wie könnte es anders sein, der
Hexenverfolgung und den Emanzen sei Dank,
eine Männerdomäne. Es ist doch auch jetzt so,
dass Männer unsere weiblichen Körper, und hier

wieder ganz besonders unsere Geschlechtsorgane nach Teufelsmalen absuchen. Nur Diese sagen ja nicht Teufelsmal, sondern der Wortschatz ist heute vornehmer, und noch undurchsichtiger hochgebildet, da sagen die Herren etwa Veränderungen am Uterus, Karzinom oder sonst irgendwelche hochtrabende fremd und gebildet klingende Ausdrücke, Ausdrücke, die uns weismachen sollen, wie wissend sie sind. Ich möchte sagen das ist eine Männerriege, die sich in unsere Weiblichkeit einmischt, wo sie eigentlich nichts verloren hat. Denk doch, diese haben doch ganz andere Geschlechtsorgane, die haben ja Schwänze und Säcke, es sind also Böcke, die haben doch keine Vagina, Milchbrust oder Periode, wie kommen wir dazu mit unseren weiblichen Intimproblemen diese Böcke zu befassen. Wir Weibchen sind noch so naiv, dass wir glauben die Gynäkologen, denn Gynäkologinnen gibt es ja kaum, sind eine Art Übermenschen, die gleich nach dem lieben Gott kommen. Dabei sind das doch auch nur Männer, sie haben zwar unsere weibliche Anatomie studiert, aber deswegen können die noch lange nicht nachvollziehen wie das ist, wenn man, anstatt einem Bimmel ein gebärfähiges Organ, mit allem was dazugehört hat. Es ist doch im höchsten Maße frivol einen Mann zu fragen wie man als pubertierendes Mädchen auf die Entwicklung der weiblichen Geschlechtsmerkmale in der Pubertät reagieren soll. Die Inquisition hat eigentlich nie wirklich aufgehört, denn nachdem die Männer die

Kräuterweiblein und Hebammen ausgerottet oder zu Kurpfuscherinnen gestempelt hatten, kamen die männlichen Geburtshelfer. Diese bauten eine Autorität über uns Weibchen auf, die bis in unsere, ach so aufgeklärte Zeit anhält. Diese Geburtshelfer hatten es fertiggebracht, dass die Schwangeren, ich schreibe nicht „die schwangeren Frauen", denn noch können nur Frauen schwanger werden, freiwillig in ein eigens dafür adaptiertes Haus gingen um sich von den Geburtshelfern behandeln zu lassen. Denn Frauen hatten da nichts verloren, die waren nur die „Opfer" also Patientinnen oder „Handlangerinnen" also Krankenschwestern, und hatten sich den hierarchischen Strukturen der Männer zu unterwerfen. Es ist nicht so wie etwa, wenn es heißt „Leserinnen und Leser" womit man uns Weibchen ja nur suggerieren will, ihr seid ja genauso wichtig wie die Männlein. Fühlen wir uns mit Leser nicht wirklich angesprochen, es stimmt schon, Leser ist wie Mensch männlich. Also brauchen wir mehr oder weniger immer auch die weibliche Form damit wir uns angesprochen fühlen. Das sollte aber nicht sein, denn Mensch ist Mensch, ob männlich oder weiblich, ein Wort Menschin existiert im offiziellen Sprachgebrauch eben nicht. Ob das unser Selbstbewusstsein stärkt, wenn immer die weibliche Form extra erwähnt wird, weiß ich nicht, eher glaube ich, sollten wir uns selbstverständlich angesprochen fühlen, wenn irgendwie von Mensch die Rede ist. Das Wort Vergewaltiger ist mir auch so ein Beispiel, sag doch einmal Vergewaltigerin. Dabei wird mir schon auch bewusst vergewaltigt wird doch nur von Männern. Von Vergewaltigerin habe ich noch nie gehört. Jedoch Geburtshelferin, diese weibliche Form ist kaum gebräuchlich, dafür die männliche Form, der Herr Geburtshelfer. Für mich bedeutet das, weiblich ist vorwiegend das Opfer kaum die Täterin, Täterin das ist doch auch so ein seltsames Wort. Oder was die Frauenrechtlerinnen für uns sonst noch erreicht haben, etwa das Recht den Mädchennamen noch zusätzlich zu verwenden. Welch ein großer Erfolg für die weibliche Menschheit. Unter vier Augen würde ich sagen welch naive Emanzipiertheit! Da heißt Er etwa Bumser, und Sie Dummchen, dann kann Er sich, weil ja Gleichberechtigung herrscht, Dummchen Bumser nennen, und Sie nennt sich dann sinniger Weise Bumser-Dummchen. Das kannst Du noch weiter treiben. So sag mir doch was mit der Tochter der Frau Bumser-Dummchen ist, wenn die Tochter dereinst auch ihren Namen einbringt, wohin soll das führen, vielleicht zu einem noch hübscheren Namen, und einen noch Längeren. Mit solchen Emanzen Errungenschaften wird unsere weibliche Menschenwürde gestärkt, und die Emanzen sind wieder einmal zufrieden. Jetzt aber wieder zum eigentlichen Thema. Dabei mussten diese, an die Kompetenz der Männer glaubenden Schwangeren, so gebären, wie die Geburtshelfer, also Männer das wollten. Also, auf einem Kreisbett, damit die kompetenten Männer den ganzen Körper der Gebärenden umkreisen konnten. Sie mussten ja hören wie diese in den

Wehen stöhnten, sehen wie die Schmerzen sich im Gesicht abzeichneten, wie sie sich wanden in ihrem nackten Ausgeliefertsein. An der Vagina wurden alle möglichen Griffe von den Männern angewandt um den Geburtsverlauf zu beeinflussen. Dabei weiß man heute, dass auf dem Rücken liegend gebären für die Frau so das ziemlich dümmste ist, aber für den Herrn Geburtshelfer ist das nicht wichtig gewesen, der wollte alles möglichst bequem kontrollieren können. So musste sie, also die Gebärende nach seinem Willen sich auf dem Kreisbett, wie auf einem Seziertisch unter seinen Augen und seinen Anleitungen gebären. Daraus kannst du ersehen wie unterwürfig naiv wir Frauen doch sind. Denn dies alles verlangt ER, der Herr, der selbst niemals schwanger werden kann folglich auch niemals gebären kann. Aber ER ist eben ein Mann, und das befähigt IHN über uns gläubige und unterwürfige Weibchen nach eigenem, männlichem Wissen und Wollen, zu verfügen. Diese Umstände waren geradezu ideal um aus einer an sich normalen Geburt eine Dramatische zu machen. Denn die Gebärende wurde ja ständig von einer Autorität dirigiert. Diese Autorität ist, übrigens mehr denn je männlich. Sie konnte nicht wie sie wollte und fühlte, das war alles nicht im Sinne des Geburtshelfers. Diese wollten doch nur ihre Macht über das Weib ausbauen und festigen. Sie nahmen uns unsere ureigenste Angelegenheit aus den Händen, um es nach Männerart zu machen. Heutzutage hätten wir doch Möglichkeiten eine

Schwangerschaft und Geburt so zu begleiten, dass es eigentlich kein Komplikationen mehr geben dürfte. Jetzt da wir alles haben was eine Heimgeburt angenehm und familiär machen würde, jetzt gebären wir im KRANKENHAUS unter der Anleitung der Herren Geburtshelfer. Weil der ist ja ein Mann und hat daher auch keinerlei Fähigkeiten selbst jemals ein Kind zu bekommen, aber weil er ein Mann ist, darum hat er scheinbar mehr Hirnschmalz und kann uns, die wir scheinbar zuwenig davon haben damit aushelfen. Denn sonst könnte es doch kaum so sein, dass Frauen nicht fähig sind das ganze Geburtsgeschehen grundsätzlich selbst zu bestimmen. Damit möchte ich sagen, dass alles was mit Periode, Schwangerschaft und Geburt zu tun hat, also alle weiblichen Angelegenheiten von Fachfrauen begleitet werden. Die Gynherren haben uns durch ihr autoritäres Auftreten zu unfähigen Untermenschen gemacht. Und die Frauenrechtlerinnen haben diesen Männern auch noch fest die Wolle gehalten. Es ist doch unsere Schwangerschaft, und nicht die der Herren. Aus dieser scheinbaren Unfähigkeit werden wir in der Schwangerschaft mit allen Mitteln der modernen Medizin von unten und oben, hinten und vorne von den Herren untersucht und dirigiert. Da wundert es einem, dass es überhaupt noch Komplikationen bei einer Geburt gibt. Denn bei diesem Aufwand dürfte doch wahrlich nichts mehr passieren. Denn bei uns basiert nämlich alles was in der Geburtshilfe geschieht auf Technik, also die Schwangere ist ein Apparat, der sich der

Technik der Männer anzupassen hat. Und bis sie das Kind bekommt, dann hat sie so viele entwürdigende, unangenehme Untersuchungen, Befragungen, und Vorschreibungen vom Herren Geburtshelfer über sich ergehen lassen müssen, dass sie nicht gerade motiviert wird für noch ein Kind. Denn es ist doch geradezu ein Zwang die Schwangerschaft genauso zu gestalten und zu erleben, wie ER, der Herr es für gut und richtig erachtet. Denn das ganze Wissen, das wir weiblichen Menschen über unseren Körper haben, wurde ja von Männern aufbereitet und uns als das einzig wahre indoktriniert. Als ob ein Mann schon jemals ein Kind bekommen hätte. Dieses ungute Gefühl, dass eine Schwangerschaft so viele Risiken in sich berge wird von den Herren der Schöpfung noch Kräften geschürt um uns nur ja unter ihren Willen zu bringen. Und immer diese Ängste, was wird er, der Herr nach der Untersuchung sagen, ist alles in Ordnung, denn bei, soviel Aufwand kommt man sich ja geradezu als nicht normal vor, wenn nicht doch irgendetwas fehlt. Und so liegen wir denn auf dem Präsentierteller des Herrn und gebären, oh Verzeihung wir werden durch den Herrn entbunden. Dabei kann man jederzeit gestört werden etwa durch ein Männlein, das ganz unerwartet hereinkommt und dich als entblößtes Gebärobjekt begafft. Vielleicht ein wichtiger, der weiß, was Frau nicht weiß. Womöglich kommt noch eine ganze Männerkorona dazu mit allem klim bim das es da gibt vom Gottobersten bis zum Gottlehrling. Das ist natürlich alles sehr hilfreich für eine sanfte, intime und bewusst menschliche Geburt eines neuen Menschen. Durch diese Maschinenhafte männergesteuerte Geburtshilfe, sind ja Verkrampfungen und Störungen geradezu vorprogrammiert. Wir sind ja schon selbst so instruiert, dass wir bestrebt sind uns nicht anmerken zu lassen, dass uns vielleicht etwas in unserer intimen Lage stört Da wird doch so viel von Übervölkerung geredet. Das ist doch interessant, denn diese Übervölkerung findet ja vorwiegend in der dritten und vierten Welt statt. Also, gerade dort wo die Menschen nichts haben als Zeit. Diese Schwangeren gebären unter unvorstellbaren Zuständen, also kaum Nahrung, keine hygienischen Einrichtungen, oft genug nicht einmal ein sauberes Tuch um den Frischling einzupacken. Keine Wohnung, mit sauberem kaltem und warmem Wasser, so wie es bei uns selbstverständlich ist. Durch diese tristen Lebensumstände sind die Schwangeren Frauen an sich schon geschwächt. Also, Voraussetzungen unter denen man glauben möchte, dass die Bevölkerung dezimiert werden müsste. Da schicken wir dann noch Babynahrung, die bei uns im Überfluss vorhanden ist, hin und glauben damit helfen wir diesen im Elend lebenden Müttern. Dabei haben Diese ja nicht einmal halbwegs sauberes Wasser um den Industriebrei für ihr Kind anzurühren, geschweige denn alles angemessen zu reinigen. Zum Auskochen des Geschirres oder Trinkgefäßes für das Kind fehlen oft genug die einfachsten Utensilien, wie Heizmaterial oder

Wasser. Dabei vergrößern wir nur noch das Leid der Kinder, denn anstatt wenigstens an der Mutterbrust eine saubere Milch, bekommen diese Kleinkinder, dank unserer Hilfe, verschmutzten unhygienisch zubereiteten Industriebrei, der ihnen erst recht schadet. Vielleicht gehört das auch zu einem System das wir nicht erkennen. Denn Du musst dir nur einmal vorstellen von wo diese Menschen etwa das Wasser haben. Aus schmutzigen verseuchten Tümpeln. Dazu haben sie kaum die Möglichkeit das Wasser abzukochen. Und hier in dieser unwirtlichen Welt gibt es die Übervölkerung. Da frage ich mich schon was uns in unserer hochentwickelten Welt, die keinen Geburtenüberschuss hat, mit den Männergesteuerten Geburtsvorgängen los ist. Wir Frauen haben doch die Erde mit Menschen gefüllt, ganz ohne Gynherren. Nur jetzt machen diese sich in unserer Lebensangelegenheit so wichtig. Wozu brauchen wir denn die Gynherrnkontrolle, haben wir Frauen nicht schon in Urzeiten schöne, gesunde und wohlgeformte Menschen in die Welt gesetzt. Du musst doch nur geschichtliche, oder sollte ich besser sagen, vorgynherrnologischern Zeiten, Darstellungen von Menschen anschauen. Diese Darstellungen kann man ja heute noch, oder erst recht heute, als ideal ansehen Da ist nichts von Urmenschen, etwa Neandertaler zu sehen. Daraus folgt doch, dass nur unsere Lebensumstände unseren Lebensbedürfnissen angepasst werden müssen. Und dazu, liebe Gelena, dazu sind die Männlein da. Sie, die lieben Männlein sollen uns die Tafel vorbereiten, und wir, die wir doch das Leben sind, werden dann den Männlein schon das Richtige auftragen. Für mich ist es sonnenklar, wir haben alles was für eine gesunde, schöne und glückliche Menschheit notwendig ist in unserem weiblichen Menschengeschlecht. Wir brauchen keine künstliche Befruchtung, oder Genmanipulation, oder Klontechniken. Wir haben alles in uns und müssen es nur wieder selbst in die Hand nehmen. Es war doch eher immer so, dass es in früheren Zeiten eher zu leicht ging Kinder in die Welt zu setzen. Es waren nur die oft unvorstellbar schweren Lebensumstände, welche den Kindersegen bremsten. Das wäre doch die Aufgabe der Männlein, nämlich uns die Lebensumstände zu schaffen, dass wir unseren Part ungestört leben können. Doch nicht so, sie murksen an uns mit ihrem Technoverstand herum, und wir unterwerfen uns dieser Intimbevormundung. Aber all das wird ignoriert, denn alles geschieht nach dem Willen des Herrn, den wir ja geradezu anbeten. So wie jene Betweiblein früherer Zeiten können wir innerlich sagen „o'Herr sprich nur ein Wort dann ist meine Vagina gesund". Denn wenn ER sagt es ist alles in Ordnung, dann sind wir zufrieden und glücklich, ganz so wie jene von uns so mitleidig bedauerten, gottgläubigen Betweiblein. Nicht dann, wenn wir uns gesund und glücklich fühlen, ER, der Herr muss uns das sagen nur ihm glauben wir. Wir Frauen haben bei Schwangerschaft und Geburt wirklich eine klägliche Stellung, das, obwohl es doch eine absolut weibliche Angelegenheit wäre,

Schwangerschaft und Geburt. Diese Geburtshelfer nennt man ja heute Gynäkologen und Gynäkologen sind durchwegs Männer. Die ganze Entwicklung ist doch äußerst bedenklich, denn so viele Abtreibungen und daneben wieder aufwendige künstliche Befruchtungen, richtig Männermanipuliert. Sind wir weibliche Menschen denn nicht mündig genug um selbst über unsere Angelegenheiten, die unsere weibliche Intimität und Geschlechtlichkeit betreffen, selbständig zu bestimmen. Das kann nicht der Weisheit letzter Schluss sein, das ist doch nur dazu gut um den Männern immer mehr Macht über uns zu geben. Bei dem Aufwand, den die Mann-Geburtshelfer treiben, sollte doch Alles wie geschmiert ablaufen. müssten wir einen gesunden und glücklichen Geburtenüberschuss haben. Aber nichts davon, denn die Kinderstationen sind voll mit kranken Kindern, und die Einkindmutterschaft ist stetig im vordringen, also Geburtenrückgang. Darüber wundere ich mich nicht. Denn wenn Du dir überlegst, was eine Schwangere alles über sich ergehen lassen muss, dann ist es doch verständlich, wenn sie sich vor einer weiteren Schwangerschaft sträubt. Aber das kann sie ja nicht sagen, denn was sie vielleicht alles an Demütigungen und Entwürdigungen und auch Angstmachereien über sich ergehen lassen musste, kann eine Betroffene aus verständlichen Gründen kaum sagen, weil sie dafür kaum Verständnis fände. Denn diese Männerriege der Gynäkologie wird in der Öffentlichkeit so vergöttert, dass jede Kritik an dieser

116

Männereinrichtung einer Ketzerei gleichkäme. Diese männerbeherrschte Geburtenindustrie ist doch ausgesprochen auf die Herrschaft der Männer ausgerichtet. Die Schwangeren werden ja nur durch Risikofaktoren geleitet, die natürlich der Herr Gynäkologe dann entrisikoisiert. Also, die Gyn-Männer haben so viele Risiken für uns entdeckt, dass wir nur noch unter ihrer Aufsicht im Krankenhaus vom so gefährdeten Kind entbunden werden können. Eben, wir Schwangeren, wir können nicht gebären, sondern wir werden unseres Kindes entbunden. Das scheint mir ungefähr so, wir werden von unserer Verantwortung als Gebärende zugunsten der Männerriege Gynäkologie entbunden. Bei dem Aufwand, den die Gyn-Männer in der Gynäkologie treiben, hätte dieser uns längst zu völlig risikolosen Schwangerschaften und Geburten führen müssen. Du sagst, heutzutage ist es schon viel besser, das kann schon sein, aber hatten wir denn je einmal so gute Voraussetzungen dafür, und zwar in punkto Ernährung , sauberes Wasser, Sicherheit, Wohnung usw. Bedenke aber, da wo wir jetzt stehen dahin wurden wir von den Männern gegängelt. Hätten wir unseren Part, der menschlichen Gesellschaft nie aus unserer Hand gegeben, ich bin überzeugt, die Männlein würden uns wie Göttinnen behandeln. Es wird schon sein, dass die wirtschaftliche Situation der Familien sehr oft angespannt ist, und der Kinderwunsch daher zurückgestellt wird. Jedoch die so genannte Erste Welt wäre doch reich genug um hier Abhilfe zu schaffen. Aber scheinbar sind wir weiblichen Menschen schon so auf die Männerwelt abgefahren, dass auch für uns das Leben, und besonders das neue Leben, eben Kinder, nur noch als lästige Nebensache gesehen wird.

Liebe Gelena!

Die Macht, die jene über uns Frauen und Mädchen auch heute noch ausüben ist ungebrochen. So sag mir doch bitte, wie soll ich das verstehen, wenn ich krank und dadurch wehrlos ausgeliefert ins Krankenhaus eingeliefert werde ist meine weibliche Intimität auf einmal nichts mehr wert. Warum werde ich als weiblicher Patient nicht selbstverständlich von weiblichen, also gleichgeschlechtlichem Pflegepersonal betreut. Das kommt mir also schon äußerst seltsam vor. Es gibt doch weibliches Personal im Krankenhaus, wieso werde ich als weiblicher Patient von männlichem Personal betreut, das finde ich geradezu pervers in dieser dem Krankenhaus ausgelieferten Situation, so ohne Beachtung der persönlichen Intimität behandelt zu werden. In diesem System stimmt etwas nicht, denn einen hilflosen Menschen, ja, als Mensch fühle ich mich auch dann, wenn ich in Not bin, in seiner Intimität nicht zu achten, ist Verachtung der Menschenwürde an sich. Es gibt keinen ehrlichen Grund, dass ein weiblicher Patient in seiner Intimität nicht geachtet, sondern missachtet wird. Die intime also geschlechtliche Menschenwürde, muss auch hier und erst recht hier geachtet werden. Denn das andere Verhalten ist doch ein gemeiner Machtmissbrauch einem Hilfsbedürftigen gegenüber. Dieser entwürdigende Umstand gehört ohne Prüderie aufgearbeitet. Denn so wie das jetzt gehandhabt wird ist das geradezu ein Paradebeispiel für Prüderie.

Unter dem Deckmantel, ich helfe dir ja, werde ich durch das andere Geschlecht meiner weiblichen Menschenwürde beraubt. Es wird so getan als wäre es selbstverständlich, dass der Patient, da meine ich natürlich in erster Linie den Weiblichen, an der Krankenhaustüre seiner geschlechtlichen Intimität, ja seiner ganzen Menschenwürde von dem anderen Geschlechte legal beraubt werde. Ja beraubt, denn Du hast in dieser Situation keine reale Möglichkeit die Wahrung deiner Intimität vor dem anderen Geschlechte zu verlangen.

Überlege doch einmal was das dann hieße, etwa was glaubt denn die was sie sei, etwa etwas besonderes. Eben das ist pure Prüderie, denn die Achtung der Intimität ist ein Grundrecht, das muss selbstverständlich und unaufgefordert geachtet werden.

In einem Krankenhaus muss selbstverständlich vom verantwortlichen Personal eindeutig darauf bedacht genommen werden, dass auf der Patientinnenstation, Ärztinnen und Pflegerinnen das Sagen haben. Genauso finde ich es ungehörig, dass etwa eine Pflegeschülerin einem Männlichen Patienten das Geschlechtsorgan waschen muss. Das zeigt mir einfach die unterschwellige Verachtung der Menschenwürde durch die Herrendominierte Medizin. Es darf das nicht geben, dass hilfesuchende, hilfsbedürftige Patienten in ihrer unterlegenen, abhängigen, jawohl abhängig, denn ich bin ja auf Hilfe angewiesen Situation dem anderen Geschlechte ausgeliefert werden. Das darf doch nicht wahr sein. Denn Gefallenlassen muss sich ein Mädchen oder eine Frau vom Herrn eigentlich fast alles. Du meinst, er der Herr sieht das x-mal, das macht ihm nichts mehr aus. Das stimmt schon sowieso nicht, Du musst dir ja nur überlegen, wie viel die Männer dafür ausgeben um Frauen und Mädchen zu begaffen oder zu betasten. Ganze Industrien leben davon und dazu noch sehr gut mit stetig wachsenden Umsätzen. Vom Sextourismus gar nicht zu reden. Das ist die eine Seite, die andere, wesentlichere Seite ist, ich als weiblicher Mensch akzeptiere es nicht, dass ein Mensch vom männlichen Geschlecht meine weibliche Intimität auch nur irgendwie missachtet. Wir Mädchen und Frauen haben ein Recht auf unsere unversehrte Menschenwürde dazu gehört ganz besonders unser weiblicher Intimbereich. Ja, und ganz besonders dann, wenn wir der Hilfe durch andere bedürfen. Der Intimbereich ist ein Bereich der schon von klein auf respektiert werden muss, auch und gerade besonders im Krankheitsfalle. Denn dann sind wir der Hilfe anderer bedürftig, also in einer Art Abhängigkeit. Diese abhängige Situation darf nicht dazu führen, dass unsere Menschenwürde, sozusagen nach dem Motto, der Zweck heiligt die Mittel, missachtet wird.

Liebe Gelena, wir dürfen nicht so dumm sein und den Männern physisch oder psychisch eine Piepshow zu bieten. Aber wir werden unter Missachtung unserer weiblichen Menschenwürde und raffiniertem psychischem Druck von einem Manne oder auch von mehreren Männern in einer sehr diffizilen Weise indirekt gezwungen unser weibliches Ich auszubreiten. Also eine Art Intimbeichte vor dem Herrn, welch eine Demütigung für den weiblichen Menschen. Damit noch nicht genug, die intime Offenbarung dem Manne gegenüber geht so weiter, wie ER es für gut hält. Denn ER ist erste und letzte Instanz und kann nach eigenem Gutdünken die Intiminquisition an einem gutgläubigen unerfahrenen Mädchen durchführen. Denn das Mädchen wurde ja so aufgeklärt, dass es weiß, der Herr Gynäkologe muss sich zuerst ein Bild von mir machen. Daher muss ich ihm wahrheitsgemäß nach bestem Wissen und Gewissen seine Fragen beantworten. Denn es steht die Drohung im Raum, wenn ER keine wahrheitsgemäßen Antworten auf seine in die tiefste Intimität gehenden Fragen bekommt, dann kann es in meiner weiblichen Geschlechtsentwicklung einen ja bedenklichen Verlauf nehmen. Wie raffiniert haben diese es doch eingerichtet, nicht wie in der mittelalterlichen Hexenverfolgung mit glühenden Zangen, sondern mit dieser gemeinen Angstmacherei, haben sie uns völlig in der Hand. Wir müssen uns darauf gefasst machen, dass ER, der Herr in seiner Größe und Herrlichkeit alles aus uns herausholt. Denn wir sind so aufgeklärt, dass der Herr Gynäkologe unsere Schamfeuchte kontrollieren muss, denn nur er, der Herr versteht das. In geduschtem Zustand und mit sauberer Ober- und Unterwäsche wie zur Hochzeitsnacht erwartet uns diese institutionalisierte Entwürdigung durch die Herren. In keinem Puff wird den Männern mehr nacktes Weibchenfleisch präsentiert, wie auf einer Gynherrnologenstation. Dazu noch garniert mit wahrheitsgetreuen Antworten auf die intimsten Fragen der Herren, über unsere Weiblichkeit. Ja, Ja, die Beichtstühle früherer Zeiten lassen grüßen. Manchmal gibt es irgendwo eine Ärztin, die auch manchmal Untersuchungen vornimmt, aber das sind doch nur von den Herren geduldete Einzelne um den Anschein zu erwecken, die Gynäkologie sei keine reine Männersache, denn siehe doch es gibt doch auch Gynäkologinnen. Diese sind nur so wenige weil sie heiraten und Kinder kriegen und daher nicht immer zur Verfügung stehen, so argumentieren sie, die Herren über die Weiblichkeit. Auf welch fadenscheinige Argumente, müssen die Gyn-Männer zurückgreifen um ihre unabdingbare Kompetenz uns Weibchen zu kontrollieren zu begründen. Jene Ärztinnen welche sich der Gynäkologie zuwenden wollen werden von der Herrengyn, die, die sogenannte Frauenheilkunde kontrollieren, mit fadenscheinigen Argumenten davon abgehalten. Dabei kommt den Herren noch der Umstand zu Hilfe, dass wir Frauen und Mädchen unterbewusst glauben, die Männer verstehen einfach mehr. Wir sind doch tatsächlich so naiv zu glauben, dass ein Mann jemals wissen kann, wie das ist wenn man zum ersten mal die Periode bekommt. Wie es ist, wenn die Busen sich entwickeln, wie das spannt, wie die ganzen Vorgänge ablaufen. Die Männer handeln das so wichtig ab und tun so allwissend, werfen mit fremd klingenden Vokabeln herum damit wir nur ja fest von ihrer Herrlichkeit überzeugt werden. Die Herren wissen in Wirklichkeit nur das was wir ihnen sagen, aber sie interpretieren das auf ihre Art, und dann glauben wir sie verstehen es besser. Das ist doch auch ein Ergebnis unserer modernen Erziehung und Aufklärung. Diese redet uns doch ein, die Männlein nachzumachen und unser weibliches Ego, also unser eigentliches weibliches Menschsein, hänge von Gynmännlein ab. In Wirklichkeit ist es doch so, sie die Gynmännlein mischen sich in etwas hinein, wo sie allesamt eigentlich nichts zu bestimmen haben.

Ja, ja liebe Gelena, die Männer verstehen es uns von ihrer Herrlichkeit zu überzeugen, man könnte fast glauben Herr kommt von herrlich, und Dame kommt von, ich mag es gar nicht sagen, aber von Männern habe ich es schon gehört, Dame komme von dämlich. Dieser gemeine Spruch hat einfach etwas an sich, denn die Rolle, die wir in der Männerwelt und ganz besonders in der Gynäkologie spielen, ist wahrlich keine rühmliche. Wir Weibchen haben ja nicht einmal die Entscheidungsfreiheit einen männlichen oder einen weiblichen Frauenarzt zu konsultieren. Denn erstens gibt es kaum Frauenärztinnen und dann wenn du eine Erwähnung dir erlaubst, du möchtest eine Frauenärztin, dann bist du schon verdächtig. Es ist ja schon die Entscheidung, soll ich eine Hose tragen oder doch besser einen Rock, muss ich mich ganz entblößen, oder genügt es IHM, wenn ich mich nur partiell entblöße. Von einer ehemaligen Schulkollegin weiß ich, dass sie zum Herrn Gynäkologen musste, und das mehrmals. Da zogen wir sie auf indem wir sie hämisch fragten wann sie wieder zu den Höhlenforschern ginge. Heute tut es, zumindest mir sehr leid, denn sie weinte deswegen sehr. Und ich weiß heute, dass sie in ihrem innersten weiblichen Selbstwertgefühl durch die Herren „Höhlenforscher" gebrochen wurde. Das ist doch wie im Mittelalter die Hexenverfolgung, denn da waren die weiblichen Menschen ja auch den Inquisitoren völlig schutzlos ausgeliefert. Und heute mit ein paar Worten, bei der Herrengyninquisition die nichts Gutes erahnen lassen sind wir doch schon in Panik. Dann muss sich das Weibchen „frei" machen und so entblößt auf den heißen Stuhl in der denkbar beschämernsten Stellung vor den Herrn legen. Und dieser macht dann eine wichtige Miene und redet gescheites Zeug, um diese unmögliche Situation für das Weibchen zu übergehen. Dann macht ER sich da unten zu schaffen, tastet, greift herum und führt Geräte ein um dann irgendwann zu sagen jetzt warten wir noch auf den Befund. Dabei müssen wir dem Herrn, oder auch den Herren eine Sexshow bieten, wie sie wohl in keinem Freudenhaus aufgeführt wird. Nur ein Freudenmädchen lässt sich von einem Freier das gar nicht gefallen was sich so vermeintlich anständige Weibchen von Männern im weißen Kittel gefallen lassen. Denn dem Freudenmädchen muss auch der Mann sich öffnen, wogegen der Herr Gynäkologe das Weibchen öffnet. Und die Psyche des Freudenmädchens bleibt ihr, denn sie macht ihm nur was vor und sagt nur das, was sie will. Das Freudenmädchen öffnet dem Freier ihre Schenkel, aber ihre Psyche öffnet sie diesem nicht. Dabei ist der Freier ja auch, zumindest teilweise entblößt, das ist schon einmal keine unterworfene Situation. Da kann man das Sprüchlein vom Freudenhaus umkehren das da heißt „der nächste Herr, die selbe Dame". Also, unsere Rolle in der Mann-Gynäkologie ist doch wirklich kaum zu beschreiben. Dabei kann ich dem Freudenmädchen eine gewisse Achtung nicht versagen, denn sie macht die Männer klein und lässt sie brennen, ja sie, die Herren essen ihr aus der Hand. Sie kann sich ein Vermögen damit verdienen, wenn sie es versteht die Kunden richtig zu bezirzen, damit sie, die Kunden, sie gerne bezahlen. Damit möchte ich nicht das Freudenhaus verteidigen, aber so anständig und sauber, wie sich die sozusagen normalen Weibchen vorkommen, sind sie nicht. Denn eigentlich prostituieren sie sich doch alle. Und auch wenn wir in dieser schnöden Männerwelt arbeiten, geben wir unsere weiblichen Fähigkeiten der Männerwelt hin. Denn wenn wir so arbeiten wie die Männer, dann arbeiten wir ja für die von den Emanzen so hoch gelobte Männerwelt. Und unsere weibliche Intimität, unsere geschlechtliche Menschenwürde werfen wir sowieso der Herreninstitution vor die Füße. Sozusagen was sind denn wir, unsere Geschlechtlichkeit ist Männersache. Ach entschuldige, das sind nicht einfach Männer, das sind Übermenschen und nur zufällig männlichen Geschlechtes. Den Emanzen sei Dank, wir haben eine solche Übermenschenmännlichinstitution. Denn

es ist doch eine Männerwelt für die uns die Emanzen begeistern wollen. Wir Frauen oder Mädchen werden ja, wenn wir entsprechend attraktiv sind, dort eingesetzt, wo Männer hingezogen werden sollen. Etwa bei einer Automobilshow, wie viele weibliche Kurven, Rundungen und Fleisch wird da gezeigt. Das finde ich eigentlich gut so, denn wenn sie dafür angemessen bezahlt werden, so ist das eine, so glaube ich sehr schöne Arbeit. Diese Mädchen und Frauen bringen den Männlein doch Freuden, was soll denn daran schlecht sein. Sie unterwerfen sich den Männlein ja nicht, sondern sie verkaufen halt ihr sexuelles Show-Talent mit dem sie die Männleinwelt bezirzen. Das aber auch noch ohne dass ihnen einer etwa zu nahe tritt, wenn sie das nicht wollen. Denn wenn eine sozusagen anständige Frau glaubt dies sei vielleicht unanständig, dann kann ich sie nur bedauern. Gerade sie, die sozusagen anständigen Frauen, die so scheinbar wie selbstverständlich zum Gyn-Mann gehen, geben doch den weiblichen Kindern und der weiblichen Jugend ein beschämendes Vorbild für weibliche Unterwürfigkeit unter die Männer. Denn wären diese so Anständigen nicht so dieser Männerriege hörig, dann gäbe es keine Gynäkologen, sondern nur Gynäkologinnen und weit weniger Gesundheitsprobleme bei weiblichen Geschlechtsorganen. Dann hätten wir Weibchen nicht das Gefühl, dass wir ständig benachteiligt seien und nur benutzt werden, und um das auszugleichen versuchen wir uns ständig der Männerwelt anzupassen.
Dabei muss man nur die Augen aufmachen und

sehen was in der Sexualität alles geht. Die Männer sind doch ausgesprochene Gaffer und Greifer und versuchen ständig mehr oder weniger Jede für ihre sexuellen Bedürfnisse zu gebrauchen. So sind doch gewisse Zeitschriften und Filme voll von Bildern mit mehr oder weniger nackten Frauenkörpern. Ja das geht bis in die letzte weibliche Geschlechtsfalte, die bildlich dargeboten wird. Und das kaufen die Männer für teueres Geld nur um ihre geile Phantasie vom Weibe zu befriedigen. Kaufen etwa wir Zeitschriften und Filme um uns zu begeilen, wohl kaum. Wahrscheinlich verstehen wir die Gaff- und Greifgeilheit der Männlein nicht genug, und unterschätzen die Möglichkeiten, die uns damit offen stünden. Und wir Dummchen somit Ahnungslosen, wir Präsentieren uns der Männerriege mit allem drum und dran auf eine Weise, wie es kein Pieepshowmädchen tun würde, denn diese bleibt wenigstens in ihrer Psyche noch sich selbst treu und Mensch.

Denn das Pieepshowmädchen lässt sich zwar nackt betrachten, aber in ihr Hirn, ihre Psyche lässt sie sich nicht schauen. Du brauchst doch nur die stolzen, modernen und ach so aufgeklärten Mädchen und Frauen betrachten, sie alle müssen bei den Gyn-Göttern ihren Körper und ganz besonders ihre Geschlechtsorgane in beschämernster Art und Weise präsentieren. Nicht nur das so aufgeklärt, intelligent und stolz wir uns auch geben mögen, wir prostituieren auch unsere letzte Hirnfalte. Wir plappern der Herrenriege doch unsere intimsten Sexualgedanken vor. Ach wie intelligent und aufgeklärt wir doch, natürlich im Sinne der Männlein, sind, da stehen die Piepshowmädchen noch gut da. Die sogenannten anständigen Frauen legen sich in ihrer Naivität vor den Gaffern und Greifern auch in ihrer Psyche bloß und glauben noch wie weit sie über den Freudenmädchen stünden. Das trifft bestimmt nicht zu, denn das Freudenmädchen bringt den Männern eben Freude mit ihrem mehr oder weniger nackten Körper. Dabei bleibt sie, nämlich das Freudenmädchen geistig sie selbst, denn sie spielt ihm ja nur das vor, was ihr am meisten bringt. Das ist doch schon einmal etwas positives.. Eine Frau, die diese Fähigkeit hat den Männern Freuden zu bereiten, oder sozusagen das älteste Gewerbe auszuüben soll das doch tun. Es tun es doch alle, das Freudenmädchen für Geld, und die sogenannte Anständige aus Liebe, für Liebe oder wofür denn sonst. Du willst doch nicht sagen für das Haushaltsgeld, das wäre dann doch wohl eine infame Zumutung. Aber sie, die sogenannten anständigen Frauen kommen sich auf dem Gyn-Stuhl der Herren ja so gut vor. Dazu fällt mir ein Sprüchlein ein, das sich etwa so liest. Da stolzieren sie dahin, hochgebildet und topfrisiert, als hätten sie geschultert den Stuhl auf dem Herr-Gyn ihre Scham hat perlustriert. Aber weißt Du, liebe Gelena, eigentlich sind wir in der Gynherrninstitution doch auch Freudenmädchen. Wir erfreuen die Herren doch in zweifacher Weise, einmal offerieren wir Weibchen den Herrlein alles, was wir an Intimität haben, dann bezahlen wir dafür noch fürstlich. Ja da gibt es von den Männern so Witze etwa in der Art wie: die Frau ist im Bette eine Köchin, in der Küche eine Dame und auf dem „Stuhl" eine, ja ich mag das gar nicht sagen, sehr anzüglich finde ich das. Besonders scheußlich finde ich die Methode die weiblichen Kinder und die weibliche Jugend dieser Männerriege vorzuwerfen. Denn gerade auf dem Vaginalshowstuhl der Männerriege lernen diese drastisch wer in ihrer Intimität das Sagen hat. Denn diese Mädchen liegen nicht wie die sogenannten Freudenmädchen mit entblößtem Unterleib vor dem ebenfalls entblößten Freier. Die durch die Angstmacherei der modernen Inquisition genötigten Mädchen liegen mit entblößter Scham vor der Herrlichkeit der Herren in weiß. Diese Herrlichkeit spricht alsdann je nachdem die Absolution aus. Ja, ja, so kontrollieren uns eben die Männer in weiß im Hirn bis in unser Intimbewusstsein hinein, und erst recht an unserem intimsten Organ ja eben bis in die letzte Schamfalte, und sagen uns was wir zu tun haben. Nach ein paar Wochen oder so kommt dann endlich der Befund. Daraufhin wird das Weibchen vom Herrn beraten, ja eine Behandlung dieser oder jener Art, jedenfalls auf eine männliche Art mit viel Technik und gescheiten Worten. Wenn sie dann ausgeräumt ist, dann ist sie rein „äußerlich" immer noch eine Frau nur wie es innen aussieht das sieht man nicht. Ob es wirklich nicht anders ginge, wer weiß das. Denn eine Medizin, die, sosehr auf Technik baut ist eben eine Männliche. Das sollten wir schon einmal hinterfragen, denn wir sind schließlich keine Technoprodukte. Das Geschlechtsorgan ist doch ein so sensibler Bereich, dass es nicht verwunderlich ist, wenn schwere Schicksalsschläge sich gerade auf dieses Organ

auswirken. Da denke ich manchmal, wie viel Leid hätte man mancher Frau ersparen können, wenn sie sofort psychische Betreuung bekommen hätte. Das ist aber in der Herrengyn kaum vorgesehen, da wird untersucht bis sich etwas zeigt und dann setzt die Technomedizin ein. Nachdem sie das überstanden hat, dann wird sie, die ja im Intimbereich, oder sollte ich sagen im Selbstwertgefühl als weiblicher Mensch, verstümmelt wurde, vielleicht psychisch betreut. Es gibt mir schon sehr zu denken, dass es in der heutigen Zeit, mit dieser so hoch entwickelten Medizin so viele Frauen mit verstümmelten Geschlechtsorganen gibt. Die Medizin sollte gerade das verhindern, dass es überhaupt zu einer tiefgreifenden gesundheitlichen Veränderung kommt. Aber dadurch, wie in der Herrengyn agiert wird, entsteht fast schon eine gewisse innere Bereitschaft zu glauben wie gefährdet wir weiblichen Menschen sind. Damit möchte ich dir nur sagen, dass die Männer eben alles auf ihre Art also technisch mit Gift und Messer und imposantem Geräteaufwand machen wollen. Denn damit können sie bei uns gläubigen Weibchen vielmehr Eindruck schinden und ihre Macht demonstrieren. Vielleicht werden sie, die Herren uns Hochaufgeklärten nächstens noch Schamlippengymnastik verordnen, auf und nieder, Klitoris vor und zurück, und so folgsam- naiv wie wir zum Gyn-Herrn sind, wir führten auch das gewissenhaft durch. Denn sie, die Gyn-Männer müssen nur ein passendes Risiko dazu erfinden, schon sind wir voll im Geschäft.
Dabei sollten wir nur einmal überlegen wie die Männer Probleme machen und lösen. Etwa die

Kriegsmaschinen, die sie erfinden, bauen und einsetzen. Oder wie sie mit ihren Erfindungen die Umwelt an den Rand der Zerstörung bringen, wenn ich etwa an das Nuklearwaffenarsenal denke. Wie viel Schaffenskraft haben die Männer in diese so schrecklichen Erfindungen gesteckt um uns, ich meine natürlich die gesamte Menschheit, X-mal ausrotten zu können. Mit dieser, eben männlichen Technoeinstellung betrachten und behandeln die Herren auch unsere weibliche Gesundheit. Von den Kriegen und dem daraus folgenden Elend, den Vergewaltigungen gar nicht zu reden. Wir können den Männern ja die Dummchen spielen, aber die Männer müssen für uns arbeiten. Denn wozu sonst brauchen sie denn ihre so geliebte Technik, und ihre ach so starken Muskeln. Sie sollen diese so einsetzen, damit nicht wir uns abmühen müssen um das Leben lebenswert zu gestalten. Denn mit dieser Energie, mit der sie die Welt verändern, da könnten wir Weibchen in Saus und Braus leben ohne uns abzumühen. Es wäre doch nicht schlecht, wir Weibchen animierten die Männer dazu uns ein bequemes, schönes Leben zu ermöglichen, und wir spielen ihnen dafür die Dummchen. Die Frauen, die arbeiten wollen, die können trotzdem arbeiten und ihren Mann stellen. Vielleicht sollte ich Dir das so sagen, wir lenken die Männer indirekt so, dass sie mit Eifer für uns arbeiten und nicht für die Weltzerstörung, damit wäre uns und der ganzen Welt geholfen. Aber eben die Frauenrechtlerinnen wollen das weibliche vermännlichen, und uns zu Männern mit weiblichem Geschlecht machen. Also, es soll alles so weitergehen, nur das Weibliche,

nämlich das darf vorne einen Hosenschlitz haben.
Die Männlein schließlich haben die Arbeit erfunden.
Sie sollen sie auch machen, und uns Frauen die
Welt nach unseren Vorstellungen stricken lassen.
Wir sind doch das Sinnbild für Leben, Liebe und
Glück. Wir haben die Erde mit Menschen gefällt,
nicht die Männlein. Ohne uns gäbe es keinen
einzigen Menschen auf Erden. Wieso sind also die
Männlein so wichtig, dass wir ihnen so eifrig zu
Diensten sind, und womöglich noch männlicher sein
wollen als diese selbst. Uns ist scheinbar alles das
wichtig, was die Männlein wollen. Das wollen wir alle
auch, also Frau Generaldirektor, oder Frau
Unternehmerin und wer weiß nicht noch was alles.
Es ist doch unlogisch von uns, wenn wir ständig
einer Männerwelt nacheifern. Wir Frauen sollten
doch eine Frauenwelt schaffen, in der Leben, Liebe
und Glück zur Grundlage des Lebens und der
Gesellschaft zählen. Was aber tun wir, die Emanzen
machen es uns vor, wir wollen noch männlicher als
die Männer sein, oder. Also, wir festigen die
Männerwelt, und dereinst sitzen die Männlein zu
hause mit dem künstlich gezeugten Gen-Kind und
füttern es mittels Computer mit Computer-Chips. Die
so durch uns entlasteten Männlein vergnügen sich
dann mit männleingeil geklonten Klonchen. Und wir
tüchtigen Emanzen stellen unseren Mann. Und
damit alles seine Ordnung hat, gehen wir weiterhin
regelmäßig mit unserer weiblichen Intimität zur
Herreninstitution um uns den Segen des V-Herrn zu
holen.
Liebe Gelena, die Männer haben eben eine andere
Logik als wir Frauen, und zu allem Überfluss, sie, die

Männer setzen auch noch alles was sie sich ausdenken ein, auch bei uns Frauen. Daraus kannst du ersehen, dass die Männer eben nur nach ihrer technischen Logik handeln und nicht etwa nach der Logik des Lebens. Nach dieser Logik manipulieren sie auch an uns herum, sie dringen in unser Hirn ein um uns für ihre Zwecke auszuforschen, denn vielleicht können sie uns Weibchen einmal im Hirn so verändern, dass wir für sie noch gefügiger sind, als wir doch so schon sind. Wir brauchen das nicht, denn wir sind vollkommene Menschen, und wesentlich sensibler für das Leben. Wahrscheinlich merken das die Männer und versuchen daher uns Frauen ständig zu kontrollieren. Denn wir haben alles um uns, also, die ganze Menschheit, fortzupflanzen nur wegen dem bisschen Samen, den die Männer beisteuern, müssen diese sich nicht so aufpusten und uns einreden, dass ohne sie nichts gehe. Erst wenn wir so sind wie sie, also die glorreichen Männlein, dann sind wir wer. Diese oder ähnliche Sprüche der Männer glauben wir leider zu oft. Durch unser äußerst hochentwickeltes Geschlechtsorgan haben wir auch andere Regeln zu beachten. Wir fühlen uns eben manchmal irgendwie nicht ganz unbeschwert. Denn es gibt halt regelmäßige Vorgänge in unserer Vagina, welche, die Männlein nicht haben, aber das machen die Gyn-Männer zu einem Instrument der Unterwerfung von uns Weibchen. Wir Frauen dürfen das nicht so sehen, denn die Männer haben halt ein simples Geschlechtsorgan mit dem sie nur brunzen und bumsen können, sonst ist ja nichts wichtiges damit zu machen. Ganz anders ist es doch mit uns

Mädchen und Frauen, wir sind fähig einen neuen Menschen auf die Welt zu bringen und diesen auch noch jahrelang mit unserer weiblichen Brust zu ernähren. Allein schon diese Überlegung führt uns drastisch vor Augen wie deplaziert ein Mann bei Schwangerschaft und Geburt ist, denn ER hat außer seinem Samen nichts wesentliches zu unserer Schwangerschaft beizutragen. Wir dürfen die Männlein doch nicht so wichtig nehmen, dass wir sogar unser weibliches Ich ihnen zu Füßen werfen. Sie sind doch in Wirklichkeit nur dazu da, um uns zu dienen. Sie müssen dafür sorgen, dass wir unsere Vorstellungen vom Leben verwirklichen können, und das ist das schöne, angenehme, liebende Leben. Unsere Lebensinteressen sind doch nicht die der Männer, wir sind das Leben, und sie unsere, ja wie soll ich sagen, Beschützer. Ja, ich möchte fast sagen, wir weiblichen Menschen sind das Paradies, und die Männlein die Wüste. Da kann ich dir, liebe Gelena, nur sagen, wir müssen dafür sorgen, dass die Männlein das auch so sehen und danach handeln. Es ist einfach notwendig, dass alles was zum Leben gehört ganz bewusst von Frauen in die Hand genommen wird.

Ja, liebe Gelena, an wen soll ein Mädchen oder eine Frau sich wenden, wenn sie als Mensch es sich nicht gefallen lassen will von einem Manne in ihrem Intimbereich beraten oder behandeln zu lassen. Was soll sie jetzt tun, wenn sie eine Intimberatung braucht, sie muss zu einem Herrn! Es ist so scheußlich, dass es unsere gescheiten Frauenrechtlerinnen noch nicht zuwege gebracht haben, dass wenigstens jene Frauen und Mädchen welche sich ihrer weiblichen Menschenwürde bewusst sind, ohne Nachteile eine Beratung durch eine Gynäkologin konsultieren können. Manchmal kommt mir schon der Verdacht, dass die Herren Gynäkologen bewusst keine Frauen als Gynäkologen wollen. Denn es könnte ja sein, dass dann allmählich zutage träte, dass im System der Männerdominierten Frauenheilkunde so manches auch leichter für uns sein könnte. Da kann ich mich nur wundern warum die 3. und 4. Welt nicht schon längst ausgestorben ist. Ganz im Gegenteil, trotz unvorstellbar scheußlichen Lebensumständen, Hunger, Durst und mörderischen Kriegen, Platzen diese Länder vor lauter Geburtenüberschuss aus allen Nähten. Wie sehr degeneriert müssen wir schon sein, dass wir nur noch mit allen möglichen medizinischen oder besser herrengynäkologischen Kunstgriffen den Geburtenrückgang ein wenig aufhalten können. Niemandem, liebe Gelena, kann ich meine quälenden Bedenken mich der Männerriege zu stellen, mitteilen. Sogar bis in die höchsten Machtzentren hinauf wird diese beschämende Unterwerfung gutgeheißen. Niemand hilft einem in diesem gemeinen Dilemma, ob Großmutter, Mutter, Tanten oder Frauenrechtlerinnen, sie alle nehmen diese, ich möchte einfach sagen Schändung des weiblichen Teiles der Menschen durch Männer wie selbstverständlich unterwürfig hin. Manchmal denke ich hier steckt ein ganz raffiniertes undurchsichtiges System dahinter um uns zu unterwerfen. Das scheint mir ja gerade so, dass nur ja keine Frauenwelt aufkeimen darf, gesteuert zu sein. Auch habe ich schon solches von Betroffenen gehört, dass ich den Eindruck bekam, dass sie sich auf dem Herrengyn-Stuhl in ihrer Menschenwürde von der Gesellschaft gedemütigt und verraten fühlten. Ja wie sollte sie sich denn gegen die Entwürdigung durch die Gyn-Herren wehren, wo doch sozusagen Alle uni sono hinter dieser scheinbar so gottgewollten Herreninstitutionalisierten Unterwerfung der Weiblichkeit stehen. Denn trotz großer Anstrengung konnte sie nirgends Verständnis und Hilfe bekommen um diese gemeine Entwürdigung auf dem Männerstuhl zu verhindern. Dieses Gestell auf dem wir Weibchen unsere Scham und Menschenwürde der Herreninstitution darbieten müssen, ja müssen, denn eine echte Alternative haben diese Männer gekonnt verhindert, ist wie ein Sinnbild der Weibchenunterwürfigkeit. Obwohl ich doch genau weiß, dass es vielen, ja ich möchte sagen den meisten so geht, wird dieses gemeine System der Entwürdigung durch die Männerinstitution einfach tabuisiert. Die Verantwortlichen sind so prüde, dass sie dieses Thema völlig unterdrücken. Manchmal habe ich fast den Verdacht, gewisse Kreise versuchen mit allen Mitteln diese so für die Männer wunderbare Unterdrückung der Frau von Kindesbeinen an, nicht zu stören. Männer haben eine Institution geschaffen, die uns glauben macht, ohne Diese sind wir nicht fähig ein halbwegs gesundes Leben zu führen. Dabei ist doch alles nur Mache von dieser Frauenunterdrückungsinstitution. Das kann doch nicht sein, dass wir ein so großes Risiko sind. Das sind wir nicht, wir sind nur von der Institution so

eingeseift worden, dass wir glauben ohne diese Institution der Männer sind wir kaum lebensfähig. Es ist doch für uns Frauen, die wir doch in allen Lebensbereichen schon unseren Mann stellen, geradezu eine Schande, dass wir das Wichtigste, nämlich unsere psychische und physische weibliche Gesundheit nicht selbst kontrollieren sollen. Eben mit einer von entsprechend ausgebildeten Frauen organisierten Institution, die echt frauenbezogen, also im Interesse der Frauen von Kindesbeinen an , die Frauenangelegenheiten betreut. Aber es ist doch so, wenn eine sagt, sie möchte nicht zum Herrengyn, dann gilt sie als prüde oder rückständig. Gerade das Gegenteil davon ist richtig, denn das zeigt, dass sie menschliches Selbstbewusstsein in sich hat, und das will sie sich erhalten und entwickeln. Wir müssen uns von den Nachwirkungen der Hexenverfolgungen entfesseln und alle Institutionen, die mit unserer Weiblichkeit zu tun haben ganz bewusst selbst in die Hand nehmen. Wir brauchen keine Männer, die uns sagen wie unsere Brüste und Vagina zu behandeln sind. Männer haben nicht zu bestimmen was an der Weiblichkeit richtig oder nicht richtig ist, sie müssen uns akzeptieren wie wir sind, nämlich als Menschen mit Menschenwürde. Unser Geschlecht ist unsere Angelegenheit, und nicht Die der Männer, und der von ihnen und den Emanzen geschaffenen Institutionen.
Liebe Gelena!
Du weist jetzt sehr viel von meinen Gedanken, denn ich habe diese zwar nicht regelmäßig, aber doch so niedergeschrieben, dass du meine Einstellung als

Frau in der Gesellschaft der Männer kennst. Wir Frauen werden gemeinsam den Weg bereiten, dass wir Mädchen und Frauen genauso Menschen sind wie die Knaben und Männer. Sie sollen sehen und erkennen, dass sie, die Männer keine Vorrechte haben uns zu gängeln. Dazu muss sich jede Mutter darüber im klaren sein, dass sie ihren Sohn unbewusst zum „MANN" erzieht. Und die Erziehung der Tochter, darüber kannst Du dir selbst einen Reim machen. Da wird schon der erste Grundstein für die Männerwelt gelegt. Diese Welt haben wir schon lange genug erduldet, denn wir müssen doch immer und überall die Opfer bringen. Da muss ich nur an die unzähligen Kriege denken, diese sind doch nur von Männern angezettelt worden. Wir Mädchen und Frauen waren in den Kriegen doch vorwiegend Geschundene und Vergewaltigungsopfer. Das wird von den Frauenrechtlerinnen halt immer heruntergespielt, dafür gibt es jüngste Beispiele. So etwa soll es in sehr bösen Zeiten eigene Lager gegeben haben in denen Frauen und Mädchen unter schrecklichen Umständen gequält wurden. Das war natürlich unter einem Herrenregime, das sich hier besonders bediente. Da sollen Mädchen, die im Stadium der Pubertät befanden, und zur Vergasung bestimmt waren, von gewissen Herren zuvor sterilisiert worden sein. Was wohl ist der Grund dafür gewesen, ja, ich weiß schon, hohe Wissenschaft und Hilfe. Doch nicht etwa instinktive Sexualtriebe, so wie sie uns bei Kinderschändern in Erscheinung treten. So wurde dies, also die Sterilisierung von zur Vergasung bestimmten Mädchen, jeweils an einem

Sonntag, sozusagen außerdienstlich als Fleißaufgabe durchgeführt. Dies nannten sie sinnigerweise Kultursonntag. Also todgeweihte Mädchen wurden noch schnell, klar von Herren, sexuell behandelt. Solches kommt in einem Kriege vor und wird kaum geahndet. Die Ahnder wären ja doch auch Männer, und das ist dann schon gelaufen. Da wird dann halt das Mäntelchen der Hilfe, der Wissenschaft oder gewisser Zwänge darüber gehängt, und die Emanzen können wieder von einem großen Erfolg für die Frauenfrage für sich reklamieren. Denn wenn etwa Frauen, die in einer Regierung für Frauenfragen zuständig sind den vergewaltigten Frauen zu helfen vorgeben, und die dafür vorgesehenen Mittel nicht direkt den Frauen geben, sondern über irgendwelche Männerinstitutionen in der Annahme, diese werden die Mittel schon zweckmäßig einsetzen. Daraus könnte man wieder herauslesen, dass wir Frauen uns nicht zutrauen ein Problem ohne Zwischenschalten von Männern, selbst lösen zu können. Das ist dann wohl eher eine kontraproduktive Hilfe. Einmal zeigen wir damit eine gewisse Abhängigkeit von Männern. Und dann, vielleicht werden so womöglich noch auf Umwegen die Vergewaltiger geradezu noch Prämiert. Diese Mittel wären vielleicht besser zur Feststellung aller Akte, die gegen Frauen gerichtet sind verwendet worden, um die Verantwortlichen, selbst wenn sie schon wacklige zitterige Männlein sind, zur Verantwortung zu ziehen. Denn sie haben zur Tatzeit ja auch keine Rücksicht genommen, wenn

sie etwa ein vorpubertäres Mädchen zu Tode
vergewaltigt haben.

Es ist einfach so, dass immer Männer vergewaltigen,
von Frauen ist mir nichts bekannt, von Frauen, die
einen Mann sexuell vergewaltigt hätten. Zur
Vergewaltigung von Mädchen oder Frauen möchte
ich dir auch noch sagen, dass nämlich nach einer
Vergewaltigung die Nächste folgt. Denk doch, da
habe ich gehört, dass das vergewaltigte Mädchen
anschließend vom nächsten Mann sexuell
ausgefragt und ausgenommen wurde. Wieso gibt es
denn das noch, dass ein Mann an dieser so
Geschändeten überhaupt etwas zu schaffen hat.
Nämlich vom männlichen Befrager und vom Herrn
Gynäkologen, der die Vergewaltigung verifizieren
musste, sonst hätte man ihr die Vergewaltigung gar
nicht geglaubt. Das empfinde ich geradezu als eine
Art Kulturschande, dass etwa ein vergewaltigtes
Mädchen von einem männlichen Menschen zum
Geschehen befragt und womöglich noch untersucht
wird. Das ist doch geradezu noch Eins drauf, eine
psychische und physische Kränkung der
vorangegangenen Schändung durch weitere
Männer, Befrager, und dem Herrn Gynäkologen.
Dafür können nur weibliche Befrager und
Gynäkologen zugezogen werden, die ganz bewusst
darauf bedacht nehmen die Vergewaltigte, das
Opfer also, nicht noch einmal einem Manne auch
nur im Entferntesten auszuliefern. Du kannst dir
vorstellen, was sie, die Vergewaltigte alles
mitgemacht hat, und das alles durch Männer, denn
die einzige weibliche Beteiligte war ihre Mutter. Und

diese hat alles was nach der Vergewaltigung geschah als notwendig erachtet, hat also die zusätzlichen Entwürdigungen ihrer Tochter durch die befragenden und untersuchenden Männer nicht verhindert, und somit ihr Leid unbewusst noch vergrößert. Also, in der größten Not bekommen wir noch Eins drauf.

Das ist wahrscheinlich auch so etwas um die Dunkelziffer hochzuhalten, und eine hohe Schwelle gegen die Anzeigen von Sexualmissbräuchen zu gewährleisten. Denn auf die Anzeige folgt die nächste Herrenbehandlung, nämlich durch den Befrager und durch den Untersucher. Ein geschändetes Mädchen muss also damit rechnen, dass auf die erste Schändung eine zweite durch Herren folgt. Daher erachte ich es als grundsätzlich notwendig, dass ein weibliches Opfer den Vertrauensgrundsatz bekommt, sie muss sich niemals vor dem anderen Geschlechte zur Sache irgendwie äußern.

Liebe Gelena, lass uns wenigstens geistig damit beginnen diese Welt der Männer endlich in die Hände der Frauen zu bringen. Sodass sie, die Männer, Diese nur soweit beherrschen, wie es unseren Interessen entspricht. Wir müssen das Zepter über die Männer erheben, aber nicht so, dass wir ihre Arbeit machen. Sie sollen arbeiten aber zu unseren Gunsten, und wir, bieten ihnen das Motiv zur Arbeit. Wir Frauen und Mädchen werden für eine menschlichere Welt sorgen, in der Leben und Glück mehr zählen als die Atombombe. Wir müssen daran arbeiten, wir haben viel mehr Macht über Männer und die Welt als wir glauben. Dazu ist es notwendig die Herrschaft über das weibliche Geschlecht, also die Herrengyn, in frage zu stellen. Es müssen Fraueninstitutionen geschaffen werden, die ganz eindeutig von Fachfrauen besetzt sind und geleitet werden. Diese Fraueninstitutionen begleiten die weiblichen Kinder oder weiblichen Jugendlichen in ihrer geschlechtlichen Entwicklung mit dem Ziele, die künftige Frauen in ihrem Selbstbewusstsein und ihrer Unabhängigkeit dem Manne gegenüber zu stärken. Weißt Du, es geht darum, dass wir unseren Part in der Gesellschaft wahrnehmen. Es ist doch nicht unsere Aufgabe den Männlein gleichzutun. Wir haben uns schon viel zu lange den Interessen der Männerwelt unterworfen.

Sie, die Männlein sollen ihre Aufgaben erfüllen und uns mit ihrer Arbeit unterstützen. Wir werden ihnen den Sinn für ihre Arbeit, und ein schönes Leben bereiten. Wenn wir alles sozusagen Unisex organisieren bringen uns das nur mehr Arbeit und den Männern mehr Freizeit. Dann fangen sie erst recht wieder an, sich über uns her zu machen. Wir Sind das Leben, ohne Leben ist Alles nichts, wozu passen wir uns denn immer mehr der Männerwelt an. Es ist doch schon längst sichtbar, dass die Männer unsere Welt in die Selbstzerstörung treibt. Die Welt für das Leben, also die Frauenwelt ist doch schon längst überfällig, denn wozu brauchen wir die Resurcen der Welt, für die Provitgier einiger Weniger, die Kriege, die Ausbeutung der Umwelt, die damit zerstört wird. Das Leben, die Weitergabe des Lebens, also die Kinder, das unterwerfen wir der Männerwelt weil nur noch Karriere, Provit und Unterwerfung unter das Männerdiktat zählt. Die

Männer steuern Alles, sogar unsere intimste Geschlechtlichkeit werfen wir schon von Kindesbeinen an, mit Billigung der männlich geprägten Öffentlich, den Herren vor die Füße, dami nur ja kein echtes weibliches Selbstbewußtsein dem Manne gegenüber aufkomme. Wir helfen also mit, die Weiblichkeit zu verdrängen und die Männerwelt zu stärken und weiter auszubauen, die Frauenwelt, die Welt pro vita, zu ignorieren. Und so besteigen wir weiter von Kindesbeinen an das Schafott der Herrengyn und lernen so eindrücklich, bei dieser entwürdigenden Unterwerfung unter die Männerinstitution, ein richtiger Mensch ist nur der Mann, und eifern so allem Männlichen nach. Denn der Mann ist Alles, Er kontrolliert sich selbst die Welt und unsere weibliche Geschlechtlichkeit, wozu wir armen Weibchen anscheinend nicht fähig sind. Dazu, liebe Galena, möchte ich dich schon noch daran erinnern, sexuelle Übergriffe und Straftaten werden nur von Männern begangen, von weiblichen Menschen hörst du nur als Opfer, so ist es doch in der ganzen Pornoszene.
Liebe Gelena!
Wir werden eine Frauenwelt gestalten, die das Leben bejaht. Wo die Männlein sich als richtige Männer vorkommen, und wir weiblichen Menschen für sie das Höchste sind. Die lieben Männlein werden uns dereinst dankbar sein, wenn sie sehen welch lebenswerte Welt sie nach unserer Anleitung geschaffen haben. Wir können uns aber auch weiterhin vor den Karren der Männlein- und Emanzeninteressen spannen lassen. Und weiterhin den Beichtstuhl der Herrenmenschen besteigen, und

diesen Herren auf diesem Gestell die Gabel machen Dazu legen wir über das Ganze, das ich dir gesagt, oder geschrieben habe den dicken Mantel der Prüderie. Das aber, liebe Gelena, dürfen wir nicht weiter zulassen. Wir müssen uns unserer Menschenwürde und unserer Macht als weibliche Menschen richtig bewusst werden. Du sollst aber auch nicht glauben, dass unser Frauenthema damit abgehandelt sei. Jetzt beginnt erst die Durchleuchtung unserer Situation in dieser Herrengesellschaft.

Liebe Grüße:

Deine Hestia!

Herstellung und Verlag:
Books on Demand GmbH, Norderstedt
ISBN 978-3-8370-4164-4